Jutta Teubert
Besser gemeinsam
Die Generationenchance

Jutta Teubert

GEMEINSAM BESSER

Die Generationenchance

SCM

Hänssler

SCM

Stiftung Christliche Medien

SCM Hänssler ist ein Imprint der SCM Verlagsgruppe, die zur Stiftung Christliche Medien gehört, einer gemeinnützigen Stiftung, die sich für die Förderung und Verbreitung christlicher Bücher, Zeitschriften, Filme und Musik einsetzt.

© der deutschen Ausgabe 2018
SCM Hänssler in der SCM Verlagsgruppe GmbH · Max-Eyth-Straße 41
71088 Holzgerlingen
Internet: www.scm-haenssler.de; E-Mail: info@scm-haenssler.de

Umschlaggestaltung: Simon de Vries, Bundes-Verlag gGmbH
Titelbild: bowie15, thinkstock.de (iStock)
Satz: typoscript GmbH, Walddorfhäslach
Druck und Bindung: GGP Media GmbH, Pößneck
Gedruckt in Tschechien
ISBN 978-3-7751-5841-1
Bestell-Nr. 395.841

INHALT

Für meine Familie

EINLEITUNG

Wir! Das ist für mich das schönste Pronomen. Es passt so gut zum Miteinander der Generationen. *Wir* gehören zusammen. Als ich und als du, als ihr und sie, als Einzelne und als Gruppen. Gemeinsam möchten wir Leben gestalten, einander fordern und fördern – gleichwertig und mit Achtung voreinander. Darin liegt die Chance. Das ist meine Perspektive zum Miteinander der Generationen.

Dabei ist das *Wir* facettenreich. Schon sprachlich ist es eine Besonderheit. Es ist zwar der Plural von »ich«, aber zugleich viel mehr als nur die Mehrzahl davon. Das *Wir* der Generationen bildet eine bunte Palette: von Krabbelkindern bis Hochbetagten. In ihren unterschiedlichen Entwicklungsprozessen und Lebensbezügen. Mit ihren Prägungen, Wünschen, Erwartungen, Hoffnungen und Ängsten. In ihrem ganzen Geflecht von Beziehungen, zwischen eigenständig und gemeinsam.

Ich und *du* mit *ihm* und *ihr* und *ihnen* und *euch*, so wird daraus ein *Wir*.

Am treffendsten beschreibt wohl das Wort »Zusammenhalt«, was eine gelingende Generationengemeinschaft ausmacht. Denn Zusammenhalt kann niemand allein erleben. Zusammenhalt braucht Gemeinschaft, nicht nur äußere, sondern auch aus dem Herzen heraus.

Mir gefällt dieses Wort, das nicht unbedingt zu unserem alltäglichen Wortschatz gehört. Aber das, was es meint, ist bedeutsam: innere Verbundenheit, aus der dann auch Taten folgen. Zusammenhalt ist insofern mehr als ein Wort. Es ist eine Haltung, eine Lebenseinstellung, die das Bewusstsein beschreibt: Die eigene Persönlichkeit und die Gemeinschaft, zu der wir gehören, sind eng miteinander verwoben. Wenn die Generationen zusammenhalten, dann geht es ihnen gut.

Oft werden Konflikte und Widerstände zwischen den Generationen in den Vordergrund gestellt und die demografischen Veränderungen mit Problemen in Zusammenhang gebracht. Dass mit der zunehmenden Vielfalt der Generationen auch Chancen verbunden sein können, wird weniger gesehen.

Die Chancen müssen allerdings auch genutzt werden. Wer nur einteilt in »die einen« und »die anderen«, »die Jungen« und »die Alten«, beraubt sich dieser Chance. Es kommt also auf den Blickwinkel an. Und auf Neugier und Offenheit, darauf, mehr wissen zu wollen von den anderen Generationen. So lässt sich oft Überraschendes entdecken.

Dafür gilt es aber auch genauer hinzuschauen. Auf Unterschiede, Stolpersteine oder Ängste. Gerade sie brauchen einen tieferen Blick, damit Hoffnung wachsen kann. Dies setzt dann auch Kräfte frei für kreative Ideen und gemeinsame Aktionen. Und das Miteinander der Generationen kann richtig Spaß machen! Darauf möchte ich aufmerksam machen und dafür möchte ich werben.

Im ersten Teil geht es darum, generationensensibel zu werden.

»Am Du werden wir zum Ich.« Diese sprichwörtlich gewordene Weisheit des Religionsphilosophen Martin Buber macht deutlich: Die Begegnung mit anderen macht uns zu denen, die wir sind. Als soziale Wesen können wir nicht gut Einsamkeit ertragen. Sie belastet uns und macht uns sogar körperlich krank. Wenn schon die Beziehung zu nur *einem* anderen Menschen für unser Sein von so tiefer Bedeutung ist, wie viel mehr formt und prägt uns dann die Gemeinschaft mit mehreren verschiedenen Generationen!

Eine gelingende Generationengemeinschaft stärkt also den einzelnen Menschen und ist gut für alle. Dafür ist es wichtig, viel voneinander zu wissen. Was unterscheidet die Generationen? Und gibt es überhaupt klare Grenzen? Was sind die gegenseitigen Erwartungen? Die Befürchtungen, Vorurteile. Wie sehen Hoffnungsschimmer aus?

Generationensensibel zu werden, hilft, einander nicht loszulassen.

Der zweite Teil zeigt einige praktische Möglichkeiten auf, generationenübergreifend zu handeln.

EINE GELINGENDE GENERATIONEN-GEMEINSCHAFT IST GUT FÜR ALLE.

»Das Glück ist das Einzige, das sich verdoppelt, wenn man es teilt.« Was Albert Schweitzer im umfassenden Sinne gesagt hat, kann auch ganz konkret im Miteinander der Generationen erlebt und praktiziert werden.

Wie können die Generationen erfahren, dass es gemeinsam besser geht? Wie können sie Schritte aufeinander zugehen? Stolpersteine beseitigen, Türen öffnen und gemeinsame Ziele anstreben? Welche kreativen, erlebnis- und handlungsorientierten Möglichkeiten helfen, Gemeinsamkeiten zu entdecken und zu fördern?

Generationenübergreifend zu handeln, hilft, gemeinsame Erlebnishorizonte zu entdecken.

Im dritten Teil geht es darum, wie wichtig es ist, generationenverbindend zu leben.

Was macht Verbundenheit letztlich aus?, werden wir uns fragen. »Ein Boot kommt nicht voran, wenn jeder auf seine Art rudert.« Dieses afrikanische Sprichwort ist quasi eine antonyme Formulierung für »Besser gemeinsam«.

Was aber führt dazu, dass alle an einem Strang ziehen? Wie wird Verbundenheit erlebt? Welche Bedeutung kommt dabei Gleichwertigkeit zu? Und die Bereitschaft, einander etwas zuzutrauen? Und was kann eine gute Balance von Nähe und Distanz dabei bewirken?

Generationenverbindend zu leben, macht das Leben reich und bunt.

Das Ziel verbindet, nicht der Stil! Dieser Gedanke zieht sich wie ein roter Faden durch alle Inhalte. Teil einer verlässlichen Generationengemeinschaft zu sein und dabei alle Entfaltungsmöglichkeiten zu haben, gibt Rückhalt und schenkt Weite.

Es kommt darauf an, über den Zaun der eigenen Generation hinauszublicken und nicht nur Gemeinschaft mit Gleichaltrigen zu suchen, sondern auch Begegnungen mit anderen Generationen zu haben. Miteinander etwas unternehmen, gemeinsam spielen, lachen, weinen, etwas gestalten und dabei voneinander lernen – darin liegen große Chancen. Und es kann sich dabei das Bedürfnis entwickeln: *Nicht ohne die anderen Generationen!*

Persönlich erlebe ich das in mehreren Lebensbezügen. Aufgewachsen in einer Großfamilie, war ich als Kind umgeben von Eltern, Großeltern, Tante und Onkel und erlebte durch sie Geborgenheit, Verlässlichkeit und dass die Generationengemeinschaft etwas Selbstverständliches ist. Als Heranwachsende nahm ich dann auch wahr, wie wichtig eine gute Balance zwischen Nähe und Distanz ist. Inzwischen selbst Mutter und Großmutter, ist es mir ein Anliegen, die anderen Generationen zu begleiten und zu fördern, und ich möchte auch von ihnen lernen und manchmal selbst herausgefordert werden. Dass wir einander unterstützen, akzeptieren und uns gegenseitig Raum zur eigenen Entfaltung geben, ist mir wichtig.

Auch im beruflichen Kontext als Lehrerin waren es immer mehrere Generationen, mit denen ich zu tun hatte. Bezugspersonen waren natürlich hauptsächlich die Kinder, aber daneben auch immer die Eltern und manchmal sogar Großeltern. Es gibt manche Coachingprozesse, die – oft eher verdeckt – Generationenkonflikte beinhalten. Immer wieder führen sie mir ebenfalls die Bedeutung eines gelingenden Miteinanders der Generationen vor Augen.

Und schließlich war und ist es mein Bezug zur Kirchengemeinde, der mich ein buntes Generationengefüge erleben lässt. Zum einen durch meine Teilhabe am Leben einer Gemeinde mit allen Generationen, von Krabbelkindern bis über 90-Jährigen, zum anderen durch meine ehrenamtliche, überregionale Tätigkeit in einem Arbeitsbereich meiner Kirche, der sich spezifisch der Gemeindearbeit für Familien und Generationen widmet.

In allen meinen Lebensbezügen habe ich interessante Menschen getroffen, die mir dankenswerterweise Einblicke gewährt haben, wie sie die Vielfalt der Generationen erleben und sehen. Ich habe dabei eine 12-Jährige und eine 95-Jährige befragt und noch viele andere dazwischen: Mitglieder von Mehrgenerationenfamilien sowie Menschen, die sich beruflich mit dem Miteinander der Generationen beschäftigen, im kirchlichen und auch im kommunalen Bereich.

ICH LADE SIE EIN, GENERATIONENVERBINDEND ZU LEBEN

Ihre Beiträge ergänzen und bereichern dieses Buch, und es wird immer wieder deutlich: Gemeinsam geht's besser! Eine gelingende Generationengemeinschaft eröffnet Chancen für alle. Das unterstreichen persönliche Erlebnisse, Geschichten und praxisbezogene Anregungen. Anschaulich und manchmal auch augenzwinkernd. So werden die sachorientierten Ausführungen lebensnah!

Dabei soll es keinen Generationen-Einheitsbrei geben. Authentisch sein und bleiben, aufeinander zugehen und miteinander Leben gestalten – auf diese Weise können wir den Weg für ein gutes Miteinander der Generationen ebnen.

Einander annehmen, wertschätzen, ermuntern und Gutes tun – das sind Werte, die uns Jesus Christus vorgelebt und weitergegeben hat. Sie wirken weiter. Auch durch diejenigen, die sich dafür einsetzen, Trennungen zu überwinden und zusammenzufügen, was zusammengehört.

Ich lade Sie ein, generationensensibel auf generationenübergreifende Möglichkeiten zu schauen und sich auf die Chance einzulassen, generationenverbindend zu leben.

Viel Spaß beim Lesen!

TEIL 1

ICH UND DU

Generationensensibel werden mit Kopf und Herz

»AM DU
WERDEN
WIR ZUM
ICH«

MARTIN BUBER

1 | AN EINEM TISCH

Generationensensibel werden, bedeutet:
Wahrnehmen, wer da ist. Den Blick weiten und die Vielfalt
der Generationen erkennen. Auf das Ganze und auf Details
schauen. Sortieren und zusammenfügen. Und dabei neugierig und einander zugewandt bleiben!

Generationenmix oder Generationengruppen?

Mit vier Generationen saßen wir bei Kaffee und Kuchen zusammen, als der Onkel aus Amerika angereist war. Das ist kein Scherz.
Ich habe tatsächlich einen Onkel in Amerika, genauer gesagt, in
Kanada. Und als er mal wieder auf Deutschlandbesuch war, gab
es ein Familientreffen.

Da saßen wir nun alle zusammen an einem Tisch: der hochbetagte Onkel, seine zwanzig Jahre jüngere Frau, deren Sohn –
mein Cousin, der jünger ist als meine Tochter –, meine zehn Jahre
jüngere Schwester mit ihrer Familie, mein Mann, unsere Kinder
und Enkeltöchter. Sie lernten ihren Urgroßonkel kennen, dessen
Enkelkinder wiederum im gleichen Alter sind wie seine Urgroß-
nichten. Was für ein Mix der Generationen! Verwirrend? Oder
eher normal?

Wenn ich mich umhöre, nehme ich wahr: Viele Menschen schätzen klare Grenzen zwischen den Generationen. Gern wird eingeteilt in »die Alten« und »die Jungen« und »na ja, halt alle irgendwie
dazwischen!«. Die Kinder-, die Eltern- und die Großelterngeneration. Das ist eindeutig. Scheinbar!

Wer dann aber nicht sofort die Schublade schließt, merkt
schnell: Die Realität sieht anders aus. Nicht nur in meiner Fami-

lie! Wer sind überhaupt »die Alten« und »die Jungen« und »die dazwischen«?

Babys, Krabbel-, Kindergarten-, Schulkinder, Teenies, Jugendliche – all das sind wohl »die Jungen«. Aber schon eine Erstklässlerin möchte nicht mit einem Kindergartenkind gleichgesetzt werden. »Ich bin doch kein Kleinkind mehr!«, kommt sofort ihr Protest.

Und genauso wenig fühlt sich der fitte Mittsechziger angesprochen, wenn es um *die* Senioren geht. Er schmiedet lieber Pläne: »Was kann ich in der nachberuflichen Lebensphase noch alles entdecken und erleben? Warum nicht noch mal studieren? Oder die Welt bereisen?« Bei der Vergünstigung für den Museumsbesuch macht er dann gern mal eine Ausnahme. Zur Seniorengruppe zum Kaffeetrinken zu gehen, erscheint ihm aber weniger reizvoll.

Und wie geht es all denen dazwischen? Verallgemeinernd als »das Mittelalter« möchten die meisten nicht so gern bezeichnet werden. Eine Enddreißigjährige meint nicht unbedingt, dass sie mit einer Fünfzigjährigen in einem Atemzug genannt werden müsste, weil sie beide anscheinend zum »Mittelalter« gehören.

Entdecken und sortieren

So einfach ist das Sortieren also nicht. Zum besseren Verständnis braucht es wohl verschiedene Blickwinkel. Und dafür ist es gut, generationensensibel zu werden. Die Schubladen zu öffnen, zu schauen, was sie enthalten und was brauchbar und hilfreich ist.

Da gibt es viel zu entdecken! Denn es geht ja immer auch um die Wünsche und Erwartungen einzelner Menschen innerhalb der vielschichtigen Gemengelage der Generationen. Jeder Mensch hat Hoffnungen und Ängste. Manchmal sind die Sehnsüchte und Befürchtungen sehr ähnlich und manchmal unterscheiden sie sich ziemlich voneinander. Dabei spielen Prägungen, Herkünfte und Sozialisationen eine wesentliche Rolle.

TIEFER BLICKEN: WAS MACHT UNS AUS, ALS JÜNGERE, ALS ÄLTERE?

Was macht uns aus? Als Jüngere, als Ältere, als Menschen in einer bestimmten Lebenssituation und Umgebung? Um diese Frage zu beantworten, braucht es schon einen zweiten Blick aufeinander.

Den brauchten wir auch in unserer bunten Familienrunde mit dem Onkel aus Amerika. Gemeinsamkeiten und Unterschiede traten zutage – längs und quer durch die Generationen. Damit überraschten wir einander und stimmten uns gegenseitig froh oder auch nachdenklich.

Der Onkel aus Amerika

Mein Onkel war Mitte zwanzig, als er Ende der 1950er-Jahre nach Kanada ausgewandert ist. Ich war damals ein kleines Mädchen und erinnere mich ungenau an Gespräche, die er mit seinem großen Bruder, meinem Vater, führte. Chancen und Risiken wurden hin und her bewegt. Gemeinsam mit sechs Freunden erhoffte sich mein Onkel in Kanada bessere Lebens- und Arbeitsbedingungen. Er ließ sich dann in der Industriestadt Hamilton nieder und fand dort Arbeit. Bald kamen die ersten Fotos, die ihn vor einem schicken Auto zeigten.

Mit seinen Freunden blieb er eng verbunden. Sie hielten zusammen und gründeten dort mit anderen deutschen Auswanderern eine christliche Gemeinde. Mitgenommen hatten sie ihre Sichtweisen des Lebens, ihre Gewohnheiten und Gepflogenheiten und ihre Art von Frömmigkeit. Das gab ihnen in der neuen Welt Halt und Stütze.

Und wenn mein Onkel in Abständen von ungefähr sieben Jahren »nach Hause« kam, wie er es immer noch nennt, wunderte er sich jedes Mal mehr über die Veränderungen. Nicht nur die Straßenführungen in seiner Heimatstadt Dortmund waren andere geworden.

Auch an uns, seinen Verwandten, nahm er Veränderungen wahr: Wir lebten, redeten und kleideten uns anders, als wir in seiner Erinnerung präsent waren.

Beispielsweise beklagte er unseren aus seiner Sicht so laxen Umgang mit der deutschen Sprache. Warum nur benutzten wir so viele Anglizismen? Sprachen über Jobs und Meetings, freuten uns über Backstage-Karten und ärgerten uns über gecancelte Flüge! Auch unsere für ihn zu weite Sicht der »neuen« Familienformen teilte er nicht. Und dass es in den Kirchen und Gemeinden kaum noch Männerchöre gibt, fand er einfach nur traurig. Das alles und vieles mehr schwang am Kaffeetisch in der Viergenerationenrunde mit.

Und wir, seine Verwandten, zu unterschiedlichen Zeiten in Deutschland aufgewachsen, sind ja auch nicht alle gleich. Wir begegneten ihm eben so, wie wir waren. Mit dem, was uns ausmacht. Einige Ältere von uns können und wollen nicht verleugnen, dass der Geist der »68er« sie geprägt hat. Auch die beruflichen Wege, geistes- und naturwissenschaftliche Einflüsse und anderes mehr haben zu unserem Gewordensein beigetragen. Und die ganz Jungen präsentierten sich als die, die dabei sind, sich auszuprobieren, ihre Fähigkeiten und Vorlieben einzuschätzen und wechselnde Berufswünsche zu favorisieren.

Sosehr er sich über *uns* wunderte, so hat uns auch seine Person zum Nachdenken angeregt: Den größten Teil seines Lebens hat mein Onkel in dem riesigen Land mit den ausgedehnten Wäldern, Bergen und Seen, den großen, verkehrsreichen Metropolen verbracht. Er hat dort viele verschiedene Menschen kennengelernt, die ihren Ursprung in unterschiedlichen Teilen der Welt haben. Inzwischen wohnt er auf dem Land, nahe an einem See, und schaut auf sein Leben zurück. Er lebt gern in Kanada, und doch hängt er an seiner »alten Heimat« und trauert ein wenig den vergangenen Zeiten nach.

Manchen Wertvorstellungen, die er vor Jahrzehnten von Deutschland mit nach Kanada genommen hat, ist er treu geblieben und hat sie an seine Nachkommen weitergegeben. Und so nahmen wir ein wenig erstaunt Unterschiede wahr, die durch die verschiedenen kulturellen Einflüsse das Leben geprägt haben. Der Onkel aus Kanada wunderte sich über unsere tolerante Haltung Andersdenkenden gegenüber, und wir fragten uns zunächst etwas verblüfft, warum man sich in einem Land mit so viel Weite selbst enge innere Grenzen setzt.

Aber dass Halt und Stütze wichtig sind, darin waren wir uns einig. Und allmählich wurde auch klar, dass gerade da, wo es viel Unterschiedlichkeit und Vielfalt gibt, Gemeinsamkeiten das Zusammengehörigkeitsgefühl stärken. Insgesamt hat der Wunsch überwogen, einander interessiert wahrzunehmen und aneinander Anteil zu nehmen.

Dabei half es auch, manches mit Humor zu betrachten, offen zu erzählen und aufmerksam zuzuhören. Wir haben viel gelacht an diesem Nachmittag – es lag Leichtigkeit ohne Oberflächlichkeit in der Luft. Und wir waren uns einig: Mit Humor fällt vieles leichter.

DIE GEMEINSAME ERINNERUNG AN BESONDERE MENSCHEN UND ERLEBNISSE VERBINDET.

Verbunden hat uns auch die Erinnerung an Menschen, mit denen wir Besonderes erlebt haben. Die uns geprägt haben und die zu unserem Wurzelwerk gehören. Verbunden haben uns außerdem natürlich ähnliche Fähigkeiten und Interessen. Die Jüngeren sind diesseits und jenseits des Atlantiks mit den neuen Technologien aufgewachsen und kennen kein Leben ohne sie.

Schmunzelnd stellte ich fest, dass die Ersten, die über die digitalen Kommunikationswege die Kontakte gefestigt haben, meine älteste Enkeltochter und mein Cousin waren. Eigentlich trennten die beiden zwei Generationen und doch waren sie sich auf diesem Gebiet schnell sehr nah.

Und so stellt sich die Frage: Was ist denn überhaupt unter »Generation« zu verstehen?

Mögliche Definitionen für »Generation«

In der wissenschaftlichen Auseinandersetzung mit dem weiten Themenfeld der Generationen wird gerne in Kategorien eingeteilt, es wird gegliedert und aufgeteilt, hinterfragt und immer wieder Neues entdeckt. Das ist spannend und führt zu etlichen nicht immer deckungsgleichen Erklärungen.

Bei uns im Regal steht noch der dicke Brockhaus. Ihm ist zu entnehmen, dass vor Jahrzehnten vergleichsweise wenig zum Generationenbegriff festgehalten und weitergegeben wurde. Knapp zusammengefasst, geht es dort nur um die drei Stichwörter Geschlechterfolge, Altersgenossen und das Zeitmaß der Geschlechterfolge.

Dabei meint Geschlechterfolge lediglich die Abfolge der Vor- oder Nachfahren. Bei den »Altersgenossen«, wie es da heißt, geht es um die, die innerhalb eines bestimmten Zeitraums geboren wurden. Und das »Zeitmaß« gibt die Spanne von fünfundzwanzig bis dreißig Jahren für die Geschlechterfolge an. So steht es im Brockhaus aus den 1970er-Jahren.

Heute dagegen gibt es eine Fülle von Ansätzen, die erforschen, was Generation meint, wie sich die Generationen unterscheiden und warum das Miteinander der Generationen so komplex ist.

Im Laufe der Zeit hat sich immer wieder verändert, worauf der Schwerpunkt in den Diskursen gelegt wurde und wird. Mal stand die genealogische Perspektive, bei der Generationen als Abstammungsgruppen verstanden werden, im Vordergrund. Mal ging es stärker um die Perspektive, dass Generationen historisch einmalige Phänomene sind, weil Menschen durch eine spezifische historische Situation oder auch durch die technische Weiterentwicklung geprägt werden. Ein Beispiel für einen derartigen zeithistorischen Bezug ist unter anderen die Bezeichnung »Nachkriegsgeneration«.

Andere Ansätze legen eine ähnliche soziale Orientierung und Lebensauffassung zugrunde, was zum Beispiel mit Begriffspaaren wie »Generation @« oder »Generation Y« ausgedrückt wird. Auch die Identität einer spezifischen Gruppe zu beschreiben, gewann an Bedeutung, und ebenso die Beschreibung der Differenz zwischen verschiedenen Gruppen.

Interessant ist die Bedeutung des Wortes Generation in seinem ursprünglichen Sinn: Es geht auf das lateinische Verb *generare* zurück, das »erzeugen, erschaffen, hervorbringen« bedeutet. Insofern ist es mit »Genesis«, Schöpfung, verwandt. Es wohnt ihm also etwas Kreatives, Dynamisches inne. Bewegung – ein Merkmal für die Generationen! Das finde ich gut! So soll es sein.

Und dieser ursprüngliche Sinn ist es letztlich, der alle Ansätze verbindet.

Zusammenfügen und verstehen

Mehr zu wissen, ist hilfreich, um etwas verstehen zu können. Insofern macht es Sinn, erst einmal einzuteilen, zu sortieren, nach Details zu suchen. Wie bei einem Puzzle: vom Detail zum Überblick. Sortieren, ordnen und zusammenfügen, was zusammengehört. Das mag am Anfang verwirrend sein, aber allmählich stellen sich Aha-Erlebnisse ein. Eines fügt sich zum anderen, und am Gesamtbild können sich alle, die daran mitgewirkt haben, erfreuen.

Im Hinblick auf die Generationen ist die Auseinandersetzung mit verschiedenen Kategorien schon sehr sinnvoll, wie das Betrachten der Puzzleteile, aber sie ist kein Selbstzweck. Sie soll lediglich helfen, ein stimmiges Bild entstehen zu lassen. Ein buntes, vielschichtiges Bild, das bei mehrmaligem Betrachten immer wieder Neues entdecken lässt.

Auch der Generationenmix meiner eigenen Familie mag auf den ersten Blick verwirrend erscheinen. Doch die Älteren wussten, wie die Puzzleteile zusammengehörten. Und den Jüngeren erschloss sich dann das Bild mit etwas Hilfe schnell. Das Beispiel meiner Familie lässt erkennen, wie vielfältig das Generationengefüge ist: Unterschiedliche Sozialisationen, Prägungen und Einstellungen zeigen Wirkung und haben Einfluss auf Begegnungen.

Insofern spiegelt unser familiärer Generationenmix durchaus auch die gesellschaftliche Realität. Vier bis fünf Generationen leben heute gleichzeitig. Das ist der sogenannte demografische Wandel, der nicht nur eine Vielzahl der Generationen mit sich bringt, sondern auch eine beeindruckende Vielfalt.

Basis: Wertschätzung und Gemeinschaft

Aus welchem Blickwinkel betrachten wir diese vielschichtige Gemengelage der Generationen? Was ist die Basis unseres persönlichen Standpunktes? Ein Spruch, den ich auf einem Plakat zum Reformationsjubiläum 2017 entdeckt habe, veranschaulicht meine persönliche Sichtweise und mein Anliegen: »Wenn einer ständig schwarzmalt, sollten wir ihm dann nicht Buntstifte schenken?« Ich finde, das ist ein gelungenes Statement gegen Pessimismus.

MITEINANDER GELINGT, WENN WIR EINANDER WERT UND BEDEUTUNG GEBEN.

Wer stets negative Folgen betont, selbst wenn sie wahrscheinlich gar nicht eintreten werden, schürt Ängste und Ressentiments. Wer dagegen offen, neugierig und anderen zugewandt ist, malt mit am bunten Bild eines gelingenden Miteinanders der Generationen. Wertvoll wird dieses Bild durch die Haltung der Mitwirkenden.

Das Miteinander der Generationen gelingt, wenn wir einander Wert und Bedeutung geben. Wenn wir einander ernst nehmen, akzeptieren und uns gegenseitig etwas zutrauen, egal, ob das Gegenüber ein Kind oder ein Hochbetagter ist. Wertschätzung ist der Schlüssel für ein gelingendes Miteinander der Generationen. Das hat mit Herz und mit Kopf zu tun. Den größeren Anteil hat dabei wohl das Herz. Denn verordnet werden kann die Gemeinschaft der Generationen nicht.

Aber sie ereignet sich. Wie bei unserem Familientreffen und überall dort, wo Begegnung ermöglicht wird.

Wie wichtig Wertschätzung und Gemeinschaft im Generationengefüge sind, führt schon die vertraute Welt der Märchen, Sagen und Fabeln vor Augen. Eine Erzählung, die die Gebrüder Grimm in ihre Sammlung »Kinder- und Hausmärchen« aufgenommen haben, schildert das eindrücklich. Drei Generationen kommen in der Geschichte vom alten Großvater und seinem Enkel vor. Es ist also eine echte Generationengeschichte.

Der Großvater wird darin als sehr alter Mann beschrieben, der gebrechlich geworden ist, nicht mehr gut hören, sehen und laufen kann. Und weil er so zittrig geworden ist, kleckert und sabbert er. Das möchten sein Sohn und seine Schwiegertochter nicht mit ansehen, und so schließen sie ihn vom gemeinsamen Mahl aus. Sie verbannen ihn in eine Ecke und er bekommt nur das Nötigste. Da der Großvater auch seinen Teller zerbrochen hat, muss er nun aus einem Holznapf essen. Traurig sitzt er da.

Bald darauf beschäftigt sich der kleine Enkel damit, aus Holzresten einen kleinen Trog herzustellen. Auf die Frage seiner Eltern, was er da mache, antwortete er, er wolle einen Trog machen, aus dem seine Eltern dann essen sollen, wenn er groß ist und sie alt sind. Das bringt die Eltern zum Weinen und sie holen den Großvater wieder an den Esstisch.

Missachtung und Wertschätzung, Ausgrenzung und Gemeinschaft, Unüberlegtheit und Einsicht schildert die Erzählung. Der Blick wird hier darauf gelenkt, dass dem Alter Wertschätzung nicht versagt werden soll.

———

In anderen Geschichten sind es die Jungen, denen besondere Beachtung und Bedeutung zugemessen wird, wie in der biblischen Geschichte von der Segnung der Kinder. An dieser Geschichte wird deutlich: Jesus Christus hat sich bewusst denen zugewandt, die nach den Wertmaßstäben seiner Zeit nicht viel galten. Kindern, wie auch den Frauen, die sie zu Jesus brachten, wurde nur geringe Bedeutung beigemessen. Die Kinder leisteten nichts, man musste sich um sie kümmern, sie versorgen, und oft wurden sie als störend empfunden.

Dem ist Jesus – oft sogar sehr energisch – entgegengetreten. Und die, die ihn hindern wollten, hat er zurechtgewiesen. Beispielsweise waren seine Jünger der Ansicht, dass die Frauen und Kinder Jesus in Ruhe lassen sollten.

Aber Jesus hat sich Zeit genommen, sich für die vermeintlich Unbedeutenden eingesetzt, sie ernst genommen, ihnen Nähe geschenkt und sie gesegnet. Und so hat er klar gezeigt, worauf es ankommt: Zuwendung zu schenken, indem man andere annimmt, sich für andere einzusetzen und ihnen Gutes zu wünschen und zu sagen! Denn das meint das Wort »segnen«.

Dass die Kinder hier besonders hervorgehoben werden, ist sicher kein Zufall. Kinder sind unbefangen, neugierig und zunächst noch frei von Vorurteilen. Und dem soll mehr Bedeutung zukommen. Aber die Geschichte sollte uns dazu anregen, auch über die Kinder hinaus alle diejenigen in den Blick zu nehmen, die von anderen abgeschrieben werden. Und das sind heutzutage leider oft die Alten und die, die mit Handicaps leben müssen.

EINANDER GUTES WÜN-SCHEN UND EINANDER ET-WAS ZUTRAUEN – DAS IST UNABHÄNGIG VOM ALTER.

Einander Gutes wünschen, einander segnen, einander etwas zutrauen – all das kann unabhängig vom Alter und der Lebenssituation geschehen. So, wie wir Menschen von Gott für wertvoll erachtet werden, können auch wir unsere Mitmenschen wertschätzen, sie unterstützen und fördern, statt sie zu ignorieren oder gar zu demontieren. Einander Gutes zu erweisen, bedeutet jedoch manchmal auch, einander auf etwas aufmerksam zu machen und uns gegenseitig herauszufordern.

Der Blick soll weit werden. So können die Generationen Neues miteinander erleben und Leben teilen. Und miteinander an einem Tisch sitzen, wie am Schluss des Märchens und wie bei unseren Familientreffen, wörtlich und im übertragenen Sinne.

Kennengelernt hatte ich sie in der Küche meiner Oma, als ich ein kleines Mädchen war. Schon damals war sie für mich eine alte Dame. Meine Oma war ein paar Jahre älter als sie. Gemeinsam engagierten sich die beiden für die Gemeindearbeit mit Frauen in unserer Kirche, meine Oma vor Ort und ihre Freundin überregional.

Während meine Oma damals das Essen zubereitete, erzählte mir ihre Freundin anschaulich und lautmalerisch die biblische Geschichte von der Sturmstillung. Ihr »Uuuuh« und die schaukelnden Bewegungen, mit denen sie die Wellen nachahmte, sind mir später immer wieder in Erinnerung gekommen, wenn ich die Geschichte selbst erzählt habe: meinen eigenen Kindern, im Religionsunterricht in der Grundschule und mittlerweile auch meinen Enkelkindern.

Noch manches mehr fiel mir ein, als ich sie da gebeugt drei Reihen vor mir sitzen sah. Und so waren mir in diesem Augenblick fünf Generationen ganz präsent, auch wenn vieles inzwischen geschehen war und meine Oma schon lange nicht mehr lebte.

Was für ein großer Reichtum ist doch mit der Generationenvielfalt verbunden! Mich hat diese Begebenheit erfreut und nachdenklich gestimmt. Rückblickend kamen mir wertvolle Erinnerungen in den Sinn, und mit Blick auf die Zukunft dachte ich an die reichen Möglichkeiten durch die Generationen, die auf meine eigene folgen.

Quantität und Qualität der Generationenvielfalt

Wie aber wird die Vielfalt der Generationen insgesamt wahrgenommen? Wie stehen die Generationen zueinander? Können Jüngere auf eine große Bereitschaft zur Solidarität hoffen angesichts vieler Älterer? Und können Ältere bei zunehmendem Angewiesensein auf die Unterstützung Jüngerer hoffen? Was ist Realität? Was ist Wunsch und was ist Wirklichkeit?

Manche interessiert das wenig, und zwar einfach deshalb, weil sie kaum Berührungspunkte mit anderen Generationen haben. Oder weil es wenig Gelegenheit gibt, Begegnungen zu schaffen. Und manchmal fehlt auch einfach das Bedürfnis. Man vermisst nicht, was man nicht kennt. Und so wird es auch nicht möglich zu erleben, dass sich die Quantität der Generationen auch als Qualität auswirken kann.

Ein positives Beispiel:
die Fünfgenerationenfamilie von Sara Wiens

Ich lernte Sara Wiens kennen, als sie Mitte der 1990er-Jahre vor der Tür meiner Schulklasse stand, um ihre Urenkelin abzuholen. Zunächst hielt ich sie für die Großmutter meiner Schülerin. Freundlich, aufmerksam und selbstbewusst wirkte sie, als ich sie um ein Gespräch mit der Mutter meiner Schülerin bat. Es war die Zeit im Jahr, in der das Schuljahresende nahte und damit Überlegungen zum Übergang in die nächste Klasse anstanden.

Christina, Saras Urenkelin, war erst vor wenigen Wochen mit einem Teil von Saras Familie aus Russland nach Deutschland gekommen. Nur das letzte Drittel des Schuljahres hatte sie meine erste Klasse besucht. Sie war lernwillig und eifrig. Gerade deshalb sah ich für ihre schulische Zukunft bessere Aussichten, wenn sie die Chance bekam, die Grundlagen von Beginn an zu erlernen. Ich musste die Familie also darauf vorbereiten, dass es für Christina gut war, die erste Klasse zu wiederholen.

Das Gespräch führte ich dann mit Großmutter und Urgroßmutter. Die Mutter hatte diese Aufgabe vertrauensvoll in deren Hände gelegt und ging ihrer Berufstätigkeit nach. Viel musste ich nicht erläutern.

Es war Sara, die Uroma, die sagte, das Kind solle von Anfang an »richtig« lernen. »Keine halben Sachen machen«, meinte sie. »Das Kind braucht einen guten Grundstock! Ich weiß, was in ihr steckt. Und aus ihr soll was werden!« Und dann bedankte sie sich bei mir herzlich und wortreich.

Ich war erfreut und auch etwas verblüfft, hatte ich doch damit gerechnet, viel mehr Überzeugungsarbeit leisten zu müssen.

In den Jahren danach sind Sara und ich uns im kirchlichen Rahmen immer mal wieder begegnet und ich lernte auch eine weitere Tochter und deren Tochter kennen: Larissa und Swetlana. Sara informierte mich gern über Christinas Werdegang. Als Letztes erzählte sie mir vor Kurzem, dass Christina nun selbst Mutter sei. Meine ehemalige Schülerin hat sie also zur Ururgroßmutter gemacht.

IM GESPRÄCH MIT SARA WIENS

Eines Tages habe ich Sara besucht und mit ihr, ihrer Tochter Larissa Engelmann und ihrer Enkeltochter Swetlana Strothkamp ein hochinteressantes Gespräch geführt. So bekam ich Einblick in eine Familie, in der die Vielzahl und Vielfalt der Generationen spürbar und sichtbar ist.

Wie Sara mir erzählte, ist sie in einem kleinen russischen Dorf aufgewachsen und kam vor fünfundzwanzig Jahren mit Tochter Larissa und Enkeltochter Swetlana nach Deutschland. Sie hat zeitlebens Russisch und Deutsch gesprochen und auch ihre Nachkommen zweisprachig geprägt. Vier Kinder hat sie geboren und die zwei Kinder, die ihr Mann mit in die Ehe brachte, wie ihre eigenen mit aufgezogen. Inzwischen ist sie schon lange Witwe, wie auch ihre Tochter Larissa, mit der sie zusammenwohnt.

Neben sechs Kindern, die Sara großgezogen hat, blickt sie auf neun Enkel, vierzehn Urenkel und vier Ururenkel. Eine bunte Familie ist das, auch durch die Partner und Partnerinnen der Kinder, Enkel und Urenkel. Fünfundvierzig Jahre war Sara alt, als sie zum ersten Mal Großmutter wurde, und mit 67 Jahren wurde sie Urgroßmutter. Inzwischen hat sie die neunzig weit überschritten.

Ob sie denn bei so vielen Familienmitgliedern den Überblick behalte, habe ich sie gefragt.

Darüber wunderte sie sich. »Warum denn nicht? Ich habe alle Geburtstage im Kopf! Na ja – und im Kalender stehen!«, lachte sie. Und ihre Tochter und Enkeltochter erzählten stolz: »Jeder, der Geburtstag hat, bekommt nicht nur einen Glückwunsch von Oma, sondern auch ein kleines Päckchen!«

Etwas verwirrend ist es aber wohl schon, wenn die jüngste Urenkelin ein Jahr jünger ist als das jüngste Ururenkelkind. Da muss man beim Geschenkekaufen schon aufpassen. Auch in dieser »Bohnenstangenfamilie« mit ihren fünf Generationen gibt es also einen Generationenmix.

Sehr deutlich wurde, wie wichtig es Sara ist, ihre Nachkommen nicht aus den Augen zu verlieren.

»Aber wie sehen das die Familienmitglieder selbst? Können und wollen sie Kontakt halten?« Das hat mich natürlich sehr interessiert.

Und Swetlana erzählte, dass in jedem Jahr am Heiligen Abend so viele Familienmitglieder wie möglich zusammenkommen. Nicht selten sind es bis zu fünfzig Personen. Bis vor Kurzem trafen sie sich in der geräumigen Wohnung von Sara und Larissa.

Inzwischen hat Swetlana diese Aufgabe übernommen. Sie bewohnt mit ihrer eigenen Familie, zu der ihre drei Kinder und ihr Mann gehören, ein großes Haus und führt diese Tradition, wie sie sagte, sehr gern weiter. So sind Mutter und Oma entlastet. Swetlana organisiert, dass alle, die kommen, etwas mitbringen, damit auch für das leibliche Wohl aller ausreichend gesorgt ist. »Vier Weihnachtsgänse werden jedes Mal verzehrt«, erzählte sie schmunzelnd und auch ein wenig stolz.

Verständlicherweise können nicht alle Personen in jedem Jahr dabei sein. Denn inzwischen lebt die Familie verstreut in Amerika, Schweden und in anderen Teilen Deutschlands. Aber etliche Mitglieder wohnen auch in der näheren Umgebung, in Soest.

Und zum Geburtstag kommen immer viele Überraschungsgäste. Besonders freut sich Sara über die Kinder. Sie sitzt bei solchen Gelegenheiten gerne im Sessel mitten in ihrem Wohnzimmer, während ihre Ur- und Ururenkel vor ihr auf dem Teppich sitzen und spielen.

Ob sie Unterschiede wahrnehme, wenn sie das Aufwachsen ihrer Kinder und ihrer Urenkel vergleiche, wollte ich gerne wissen.
Dabei kamen ihr eigentlich nur die äußerlichen Erleichterungen in den Sinn, zum Beispiel, dass junge Eltern heute froh sein könnten, dass es Pampers gibt. »Sooo viele Windeln hingen bei mir immer auf der Leine«, beschrieb sie mit einer ausholenden Geste. »Und manchmal mussten die Kinder einfach auf den Töpfchen sitzen bleiben! So war das«, sagte sie, immer verbunden mit einem Lächeln.

Da musste ich dann doch noch mal nachfragen: »Hattest du mehrere Kleinkinder gleichzeitig zu betreuen?«
Statt Sara antwortete Swetlana: »Meine Cousins und Cousinen und ich, wir sind quasi bei Oma aufgewachsen.« »Ja«, unterbrach Sara sie, »so konnten meine Töchter zur Uni gehen. Bildung war mir immer wichtig!«

Deshalb hatte sie es also als eine gute Lösung betrachtet, dass Christina das erste Schuljahr wiederholte. Ich lächelte zustimmend und regte sie trotzdem an, noch einmal auf die Unterschiede zwischen damals und heute zurückzukommen, wenn sie an das Aufwachsen der Kinder und die Beziehungen zwischen den Generationen denke.
»Was sich verändert hat, ist äußerlich«, sagte Sara, »im Inneren haben wir früher zueinandergestanden, und das ist heute auch so.« Das Wichtigste sei, sich für die

Kinder zu interessieren, erklärte sie. Das andere ergebe sich dann von selbst.

Swetlana ergänzte, Oma habe ihnen oft ausgedachte Geschichten erzählt, in denen es um Eltern und Kinder ging. Sie endeten stets damit, dass Kinder die Eltern achten sollten. »Die Verbindung zu unseren Eltern, die wir ja nicht so oft sahen, sollte so wohl warmgehalten werden«, meinte sie im Nachhinein.

So viel gutes Miteinander! Das klang schon fast zu schön, um wahr zu sein. Deshalb habe ich auch nach Konflikten, Brüchen, Streit gefragt.

Da lachten alle drei. »Oh ja, bei uns fliegen manchmal auch die Fetzen!« Aber Brüche, Risse, die nicht zu schließen sind, gäbe es nicht. Meinungsverschiedenheiten, unterschiedliche Ansichten über Lebensweisen und politische Fragen, ja, die würden auch schon mal vehement ausgetragen. Da träfen oft mehrere Ansichten aufeinander. Doch letztlich würden sie einander stehen lassen.

Und dann erzählten sie, dass vor noch nicht allzu langer Zeit eine der Enkeltöchter ihren Freund mitgebracht hatte, der aufgrund seiner dunklen Hautfarbe sehr unterschiedlich von den verschiedenen Generationen aufgenommen wurde.

Swetlana sagte, dass sie grundsätzlich Menschen nicht nach ihrer Hautfarbe, Herkunft oder auch nach ihrer sexuellen Orientierung beurteile.

Ihre Mutter Larissa dagegen habe mit großer Zurückhaltung auf den Besuch reagiert.

Und Sara?

»Oma hat ihn gleich mit Küsschen begrüßt!«, erzählte Larissa, immer noch etwas entrüstet.

»Ja, warum auch nicht«, fügte Sara hinzu, »er ist ein Mensch wie wir!«

Nach diesem Besuch hatte es dann wohl eine solche Situation gegeben, »wo die Fetzen flogen«, wie sie es nannten. Auch über den Umgang mit Flüchtlingen sind die Familienmitglieder unterschiedlicher Meinung.

Und wieder war es Sara, die beschwichtigt hat: »Wir wurden doch selbst verfolgt und sollten wissen, wie schlimm das ist!« Ob das Altersweisheit ist oder eine positive Grundhaltung, die Sara zum Leben hat, vermag ich nicht zu unterscheiden. Aber eines wurde deutlich: Es ist eine klare Haltung, die sie hat und die ihre Nachkommen an ihr wahrnehmen.

Dass an ihr so leicht keiner vorbeikommt, hat im wörtlichen Sinne vor wenigen Jahren jemand erleben müssen, der einen Diebstahl begehen wollte. Schon 90-jährig, besuchte Sara ihre Enkeltochter Swetlana im Geschäft, das Swetlanas Mann für Büroartikel betreibt.

»Wir waren beschäftigt«, erzählte Swetlana. »Oma schaute sich noch etwas um, nachdem sie ihren Cappuccino getrunken hatte, und dabei bemerkte sie, dass jemand etwas in seiner Tasche verschwinden ließ. So schnell sie konnte, machte sie sich auf den Weg zur Tür und versperrte dem Dieb mit ihrem Rollator den Weg. Als dieser versuchte zu fliehen, hatte er gegen Oma Sara keine Chance!«

Wir kamen auf das Thema Geben und Nehmen zu sprechen. Sara hat in ihrem langen Leben ihren Kindern
viel gegeben, und ich fragte sie, wie sie nun im hohen
Alter Beistand und Fürsorge durch die jüngeren Generationen erlebe.

Dabei wurde deutlich, dass es für Sara am wichtigsten
war und ist, dass ihre Nachkommen ihr Gemeinschaft
schenken, dass immer mal wieder der eine oder die
andere vorbeikommt. Das tut Sara gut. Sie sagte, dass
sie immer gern gegeben habe. Es gehöre für sie dazu.
Swetlana erinnerte sich in diesem Zusammenhang an
den Lieblingsspruch ihrer Oma: »Die gebende Hand
bleibt niemals leer!«

An Swetlana gewandt, fragte ich, ob es neben diesem
Satz noch etwas gebe, was für sie prägend gewesen
sei und worin sie vielleicht sogar ihrer Oma nach-
eifern wolle.

Da brauchte sie gar nicht lange nachzudenken: »Teilen«,
sagte sie. »Oma hat uns immer angehalten zu teilen!«
Und es sei jetzt schon so, dass sie selbst ihre Kinder
darauf hinweise zu teilen, und manchmal müsse sie im
Stillen über sich lachen und darüber, wie sich so manches doch wiederholt.

Sie schwelgte noch ein wenig in Erinnerungen: »Zu Oma
konnten wir immer mit unseren Sorgen kommen! Sie hat
dann Geschichten von früher erzählt, und wir wussten
erst später, was sie uns damit sagen wollte. Einmal hat
sie erzählt, wie es ihr im Krieg im Arbeitslager ergan-

gen ist. Mit einer Freundin musste sie dort in der Küche arbeiten und mit sehr großen, schweren Töpfen hantieren. Sie selbst bekamen aber so gut wie nichts zu essen und mussten hungern.

Einfallsreich, wie Oma war, packte sie eines Tages ihre Freundin, hielt sie kopfüber in den Topf und sagte ihr, sie solle den Topf auslecken. Am nächsten Tag ging es dann umgekehrt. Und so haben beide überlebt. Sie wollte uns damit sagen: ›Gebt nicht auf. Habt Ideen! Und vor allem: Haltet zusammen!‹ Das konnten wir auf viele Probleme übertragen und sie waren auf einmal auch gar nicht mehr so groß!« Und Swetlana schloss: »Oma war für uns immer wie ein sicherer Hafen!«

Zuletzt erkundigte ich mich bei Sara, was sie ihren Nachkommen wünsche, ob sie eine Empfehlung oder einen Rat für sie habe.

»Es soll so bleiben, wie es ist«, sagte sie und meinte damit, sie sollten den Zusammenhalt weiter pflegen, auch über ihren Tod hinaus; jede und jeder solle in der eigenen Familie weitergeben, dass Zusammenhalten wertvoll sei.

Vielzahl und Vielfalt – Wert und Bedeutung

Eine solch umfangreiche Familie mag nicht die Regel sein. Aber Mehrgenerationenfamilien, die in die Höhe wachsen, zeigen mit all ihren Herausforderungen und Chancen nicht nur eine besondere Viel*zahl*, sondern auch Viel*falt*. In jeder Generationengemeinschaft gibt es viel zu entdecken, was Wert und Bedeutung hat. Manches zeigt sich im alltäglichen Leben. Einiges wird bewusst, anderes unbewusst weitergegeben.

Ein gutes Beispiel ist das Teilen. Wenn Teilen für Kinder zu etwas Selbstverständlichem geworden ist, fällt es ihnen später leicht, Solidarität zu üben, wo es nötig ist, und einen Sinn für Gerechtigkeit zu entwickeln. Sie erleben, dass das Teilen von Ressourcen letztlich nicht ärmer, sondern reicher macht. Und somit sogar effektiver ist.

MEHRGENERATIONEN-FAMILIEN – EINE BESONDERE VIELZAHL UND EINE VIELFALT.

Der Wille, zu teilen, kann aus Verantwortungsgefühl und auch aus dem christlichen Glauben heraus erwachsen. Teilen gehört zu den wichtigsten Werten, die wahrgenommen, angenommen und weitergegeben werden können. Es ist ein uraltes Menschheitsprinzip. So hat auch bereits die christliche Urgemeinde in Jerusalem das Teilen als Lebenskonzept ihrer Gemeinschaft praktiziert. Und die Jüngsten und die Ältesten mögen davon besonders profitiert haben.

Aufeinander zu achten, die Bedeutung von Geben und Nehmen wahrzunehmen und dabei auch andere Werte zu entdecken, ist für jede Generationengemeinschaft möglich. Ob sie nun aus drei, vier oder fünf Generationen besteht. Zunehmend wird es aber wohl die Vielzahl sein, die zur Chance werden kann. Gut, wenn sich viele als *wir* empfinden.

3 | ICH UND WIR

Generationensensibel werden, bedeutet:
Entwicklungen und Biografien von Menschen aus den
anderen Generationen bewusst wahrnehmen. Über unterschiedliche Lebenswege und Prägungen staunen.
Das Erlebte in den verschiedenen Lebensphasen
und -situationen respektieren.

Unterscheiden – annehmen – vertrauen

»Ich bin ich und du bist du.« Das klingt simpel und selbstverständlich. Wie in einem Kinderreim. Rhythmisch jonglieren »ich« und
»du« dabei hin und her. Solche Finger- und Wortspiele machen
Kindern Spaß. Schon die Jüngsten erfahren dadurch spielerisch:
Es ist gut, zwischen ich und du zu unterscheiden und diesbezüglich
eine Balance hinzubekommen.

»Ich bin ich und du bist du! Ich mit dir und du mit mir – das
sind wir.« Was so einfach klingt, stellt tatsächlich eine große Herausforderung dar, die wir mal besser, mal schlechter meistern.
Wir haben zeitlebens in Bezug auf unsere Beziehungsfähigkeit
und unsere Identität zu lernen: Vom Beginn des Lebens bis ins
hohe Alter durchlaufen wir Entwicklungsprozesse. Physisch und
psychisch.

Dass eine gesunde Ernährung für Kinder, aber auch bis ins hohe
Alter von großer Bedeutung ist, versteht sich im Allgemeinen von
selbst. Die psychosoziale Entwicklung braucht aber mindestens
genauso viel Beachtung und Pflege. Und sie braucht Vertrauen.
Wenn Kinder erleben, dass ihre Eltern ihnen etwas zutrauen,
anstatt sie zu kontrollieren und reglementieren, fördert dies ihre
Entwicklung und auch die Beziehung zwischen den Generationen.

Annika Hering, 24 Jahre alt, sagt dazu:

»Zu unserer Familie gehört Vertrauen einfach dazu. Das ist am ganz banalen Beispiel zu sehen, dass unsere Eltern meinem Bruder und mir immer viele Freiheiten ließen. Beispielsweise gab es selten eine feste Zeit, wann wir zu Hause sein mussten. Es gab auch keinen Druck, sich unbedingt zu melden, nachdem man irgendwo gut angekommen war.

Im Nachhinein würde ich sagen, dass wir unbewusst sehr stolz waren, diese Freiheiten genießen zu dürfen. Außerdem führten sie dazu, dass wir Verantwortung übernahmen und das Vertrauen selten wirklich ausnutzten oder missbrauchten. Ich glaube, insgesamt hat das unseren Familienzusammenhalt entscheidend beeinflusst und uns geholfen, selbstständig zu werden.«

Annika ist Teil der Mehrgenerationenfamilie Giesler-Hering, die auch an anderer Stelle noch interessante Einblicke in ihr Familienleben gewährt.

Die psychozoziale Entwicklung

Nicht immer läuft alles selbstverständlich und einfach. Deshalb ist es gut, mehr über Entwicklungsprozesse zu wissen. Das stärkt das Ich und ist gut für das Wir: Zu wissen, was die anderen Generationen in ihrer jeweiligen Lebensphase bewegt, hilft, sie besser zu verstehen.

Denn jede Lebens- und Entwicklungsphase stellt uns vor Herausforderungen. Und mit jeder Entwicklungsphase sind bestimmte, ihr eigene Aufgaben verbunden. Sie tragen dazu bei, die eigene Identität auszuprägen. Und das geschieht immer im Spannungsfeld zwischen den individuellen Bedürfnissen und den Anforderungen der sozialen Umwelt.

JEDE LEBENSPHASE STELLT UNS VOR BESTIMMTE, IHR EIGENE HERAUSFORDERUNGEN.

Wenn wir uns nicht weiterentwickeln und uns diesen Aufgaben nicht stellen, stagnieren wir. Dann ist zwar der Körper erwachsen geworden, die Persönlichkeit hat sich aber nicht weiterentwickelt.

Urvertrauen entwickeln

Es beginnt in frühster Kindheit damit, dass wir Urvertrauen entwickeln, das Gefühl des »Sich-verlassen-Dürfens«. Dafür brauchen Kinder die Verlässlichkeit ihrer Bezugspersonen. Wenn sie Sicherheit und Geborgenheit bekommen, in der Regel durch die Eltern, verinnerlichen sie dieses Gefühl, und es steht ihnen damit quasi die Welt offen.

Andernfalls können sich Bedrohungsgefühle und Ängste entwickeln, bis hin zu einem Ur-Misstrauen, das schwer loszuwerden ist. Kleinkinder dürfen also ruhig reichlich mit Liebe überschüttet werden.

Lernen

In der Kindheit allgemein ist es dann die Hauptaufgabe, Fähigkeiten auszuprägen, zu lernen und dabei auch das Gefühl der Unzulänglichkeit kennenzulernen.

Nach der Babyphase kommt die sogenannte Trotzphase. Kinder machen dabei die wichtige Erfahrung: »Ich will! Ich will etwas ausprobieren, und zwar eigenständig.« Und: »Ich will von euch geliebt und beschützt werden.« *Trotz* im Sinne von Starrköpfigkeit beschreibt dieses wichtige Geschehen nicht einmal unzulänglich.

Aber *trotz* im Sinne von »dennoch, trotzdem, andererseits« trifft schon eher, was sich da an Autonomie beim Kleinkind entwickelt, und auch an Zweifeln, Scham und Schuldgefühlen. Und wenn der Spinat nicht auf dem Löffel und im Mund, sondern an der Wand landet, wird diese Phase auch für Eltern spannend.

Das Bedürfnis, zu lernen, setzt sich fort und bekommt besonders im Grundschulalter eine besondere Ausprägung. Fähigkeiten werden erprobt und ausgeweitet. Die Kinder wollen etwas herstellen und dafür auch Anerkennung erhalten. Dabei kommt dem Elefant, den die sechsjährige Sophie aus Knetmasse geformt hat, genauso viel Bedeutung zu wie der Erklärung des achtjährigen Jonas über die Entwicklung der Kaulquappe zum Frosch.

Wie schön, wenn Kinder in dieser Phase das Gefühl haben können, schon ein wenig an der Welt der Erwachsenen teilzuhaben. Nur darf es nicht dazu kommen, dass das Kind sich selbst überstrapaziert oder von seiner Umgebung dazu gedrängt wird. In dieser Phase werden die Weichen dafür gestellt, wie wichtig Arbeit und Leistung im Leben sein werden. Eltern tun gut daran, sowohl Überschätzung als auch Unterschätzung zu vermeiden.

Entwicklung des Selbstbildes

In der Pubertät und aufwärts geht es dann um die Entwicklung des Selbstbildes, darum, die eigene Rolle zu finden. So manches probieren die »Pubertiere« in dieser Zeit aus. Berufswünsche können häufig wechseln und die Unabhängigkeit von den Eltern wird ausgetestet. Heute möchte die fünfzehnjährige Lisa Musicalstar werden und morgen lieber ins Marketingmanagement gehen. Eine mit uns befreundete Familie traf eines Morgens den sechzehnjährigen Sohn statt mit voller lockiger Haarpracht kahlköpfig am Frühstückstisch an. Die Pubertät ist für alle eine besonders intensive Phase.

Die Auseinandersetzung mit der eigenen Identität und mit den Rollen, die wir im Leben übernehmen und auch abgeben, fordert uns jedoch unser Leben lang immer wieder neu zur Reflexion heraus.

Fähig werden zur Liebe

Im frühen Erwachsenenalter geht es dann darum, über das Selbstbild hinauszuschauen. Fähig werden zur Liebe, nennt der Psychoanalytiker Erik H. Erikson die Aufgabe dieser Phase. Die eigene Identität hat sich gefestigt. Unterschiede, die bis dahin besonders wichtig erschienen, treten in den Hintergrund. Wird diese Entwicklung nicht erfolgreich gemeistert, kann sich das in Selbstbezogenheit oder aber auch Selbstaufgabe zeigen.[2]

Ich erinnere mich an eine junge Frau, die früh eine Familie gegründet, sich aber bald in einer Art Zerrissenheit wiedergefunden hat: »Wo bleibe ich bei all den neuen Aufgaben und Herausforderungen?« Lange hat sie wohl mit sich gerungen, dann aber ihre Familie verlassen und erst nach einer Zeit des Sich-Sortierens den Kontakt wieder aufgenommen. Das war für alle Beteiligten eine schwere, aber wohl unausweichliche Zeit.

Fürsorge ausprägen

Auch im Erwachsenenalter sind die zu bewältigenden Prozesse nicht zu unterschätzen. Die doppelte Aufgabe ist es dann, die Fähigkeit zur Fürsorge auszuprägen und sich selbst nicht zu vernachlässigen. Erikson bezeichnet das als *Generativität*. Sich um zukünftige Generationen zu kümmern und die Liebe in die Zukunft zu tragen, ist sicher die besondere Aufgabe von Eltern und Großeltern. Aber auch darüber hinaus meint Generativität alles, was für zukünftige Generationen brauchbar sein könnte, durch Lehre, Sport und Spiel und auch durch soziales Engagement.

Erikson diagnostiziert, dass Stagnation als das Gegenteil von Generativität keine Fortentwicklung bedeutet und entweder Leere und zwischenmenschliche Verarmung oder übermäßiges Betreu-

ungsbedürfnis zur Folge hat. Die Hauptaufgabe ist im Erwachsenenalter also, Verantwortung zu übernehmen für das eigene Leben
und das Leben anderer.[3]

Auch die Bibel hebt die Bedeutung von Generativität hervor.
Im Dialog der Generationen sollen die elementaren Lebens- und
Glaubenserfahrungen weitergegeben werden. »Wenn eure Kinder
später fragen … dann gebt ihnen zur Antwort …«, heißt es im Alten
Testament (5. Mose 6,20-21; GNB). Und im Neuen Testament wird
der junge Titus durch den erfahrenen Paulus in verantwortungsvolle Aufgaben eingeführt.

Schließlich sind auch die Prozesse des Älterwerdens mit Aufgaben verbunden. Dabei kann und sollte es älteren Erwachsenen
wichtig werden, sich zwar diesen Veränderungen zu stellen, aber
gleichzeitig weiterhin die Aufgaben der Generativität wahrzunehmen. Das hilft sowohl ihnen selbst als auch der Generationengemeinschaft.

Weise werden

In dieser Phase geht es dann um die Entwicklung einer hohen
Ich-Integrität, genannt Weisheit. Dankbar zurückschauen, statt zu
verzweifeln! Loslassen, ohne das Gefühl zu haben, noch mal leben
zu müssen, um etwas besser zu machen! Das Leben annehmen und
Glück und auch Fehler darin sehen!

Alte Menschen, die es gelernt haben, mit Gelassenheit ihr Leben
zu betrachten und zu gestalten, strahlen oft Freundlichkeit und
Großzügigkeit aus. So sind sie gern gesehene Gesprächspartner
für die anderen Generationen.

Leider nehme ich aber auch das Gegenteil wahr: alte Menschen,
die nörgeln und für die früher alles besser war. Bei einer alten Frau
kam mir schon mal der Vergleich mit einer pubertierenden Jugendlichen in den Sinn. Und es drängte sich mir die Frage auf, wann sie
in ihrer Entwicklung wohl stehen geblieben war. Davon hebt sich

sehr positiv die Sicht eines 89-Jährigen ab, der seine letzte Lebensphase so beschreibt:

> *Alt ist man nicht durch viele Jahre.*
> *Alt ist man nicht durch graue Haare.*
> *Alt ist, wer hier den Mut verliert.*
> *Und sich für nichts mehr interessiert.*
> *Es gibt nichts Schöneres auf Erden,*
> *als frohen Herzens alt zu werden.*[4]

Aufmerksam zu werden auf entwicklungsbedingte Unterschiede und darauf, was mit dem Ich geschieht, wenn es mit dem Du in Kontakt tritt, ist also spannend. Und es trägt dazu bei, generationensensibel zu werden.

Prägungen, Sozialisationen, Traditionen

Es lohnt sich auch, die unterschiedlichen Prägungen durch Sozialisationen und Traditionen eingehender zu betrachten.

Wenn zum Beispiel ein 25-jähriger Psychologiestudent einer 70-Jährigen begegnet und meint, sie einschätzen zu können, da er weiß, dass das Alter die Phase des Loslassens ist, so weiß er längst nicht alles über sie. Wo ist sie aufgewachsen? Wie ist sie erzogen worden? Was hat sie geprägt?

Die älteren Generationen

Gerade im Bereich der Älteren sind unterschiedliche geschichtliche und kulturelle Prägungen markant.

Die heute Hochbetagten wurden in den 1920er-Jahren geboren und früher. Als Kinder haben sie noch etwas von der Weimarer Republik mitbekommen und als Jugendliche und junge Erwachsene das Nazi-Regime mit allen Schattierungen erfahren. Gehorsam spielte in ihrem Leben eine große Rolle. Nach dem Zweiten Weltkrieg waren sie es, die zum Wiederaufbau Deutschlands beigetragen haben. Das schwere Erleben hat sie stark gemacht, zum Teil aber auch hart werden lassen.

Die in den 1930er-Jahren Geborenen haben ihre Kindheit im Krieg und teilweise auf der Flucht erlebt. Sie sind zwischen Bangen und Hoffen aufgewachsen. Manche fühlen sich bis heute unwohl, weil sie als Kinder traurig oder ärgerlich auf das Ende der Nazi-Diktatur reagiert haben. Einige verdrängen und andere sind zu einer mahnenden Stimme geworden.

Und die, *die im jungen Nachkriegsdeutschland aufgewachsen sind,* stehen nun auch schon am Anfang ihrer nachberuflichen Phase oder bereiten sich darauf vor. Sie haben als Jugendliche angefangen, Traditionen zu hinterfragen. In Westdeutschland konnten sie sich selbstbestimmt entwickeln, in Ostdeutschland mussten sie mit Reglementierungen leben. Sie sind die Kinder der Hochaltrigen und die meisten mögen nicht unbedingt mit den eigenen Eltern einen Seniorenkreis besuchen.

Auch bei den nachfolgenden Generationen sind die Lebensentwürfe und Prägungen vielfältig.

Die Baby-Boomer

Die sogenannten Baby-Boomer der geburtenstarken Jahrgänge der 1950er- und 1960er-Jahre waren und sind auf vielen Gebieten »stark«. Die Zeit ihrer Kindheit war eine dynamische Zeit des Aufbruchs mit neuen Ideen und Technologien. Auch die Mode brachte Neues. Der Minirock sorgte gleichermaßen für Euphorie wie für Entsetzen und auch Auseinandersetzungen zwischen den Generationen.

Nun haben auch die »Boomer« die 50 überschritten und werden bisweilen als »Midlife-Boomer« bezeichnet.

Die jüngeren Generationen

Für die Generationen, die danach kommen, gibt es verschiedene plakative Begriffsbildungen, die helfen sollen, sie zu charakterisieren: Generation X, Y und auch schon Z.

Als *Generation X* werden die in den 1970er-Jahren Geborenen, quasi zusammengefasst, bezeichnet. Das schließt die »Generation Golf« ein, die den Mainstream der Jahrgänge 1965 bis 1975 in Westdeutschland meint. In den späten 1980er-Jahren wurden Jugendliche in Westdeutschland bisweilen als »Null-Bock-Generation« bezeichnet. Und die »Generation Praktikum« beschreibt die Situationen von jungen Akademikern mit schweren beruflichen Wegen oder Sackgassen.

Auch diese jüngeren Generationen lassen sich also nicht in eine Schublade pressen. Sie sind inzwischen junge und mittlere Erwachsene mit unterschiedlichen Lebenswegen. Gemeinsam haben sie, dass bei ihnen die digitalen Technologien, wie Computer und MP3-Player, begannen, eine wichtige Rolle zu spielen.

Das setzte sich fort bei der *Generation Y*. Die nach 1980 Geborenen sind mit Computern, Internet und Mobiltelefonen aufgewachsen. Sie werden auch die »Millennials« genannt oder als »Digital Natives« bezeichnet. Der Buchstabe Y wird englisch ausgesprochen (also genau wie *why*, das englische Wort für *warum*) und soll darauf verweisen, dass das Hinterfragen ein charakteristisches Merkmal dieser Generation ist.

Auch die *Generation Z* gibt es schon. Zu ihr gehören die, die ab der Jahrtausendwende zur Welt gekommen sind. Sie werden schon ab circa vier Jahren mit Smartphones und Tablet-PCs konfrontiert. Ihre Entwicklung verläuft wiederum anders als die der Generation Y, die nicht seit frühester Kindheit an die mobile Allverfügbarkeit gewöhnt wurde. Für die ganz Jungen spielen die sozialen Netzwerke eine noch größere Rolle als für die Generation davor.

Bemerkenswert ist, wie sich die Sichtweisen vieler junger Leute in den letzten zehn Jahren verändert haben. So dokumentiert es die Shell-Jugendstudie. Danach hatten 2006 viele Jugendliche große Angst vor dem sozialen Abstieg. 2010 hatte sich die Zahl der optimistischen Jugendlichen erheblich erhöht. Und in der vorerst letzten Studie von 2015 wurde der Übergang zu einer neuen, selbstbewussteren Generation belegt, die als pragmatische Generation des Aufbruchs bezeichnet wird.[5]

Die kulturellen und geschichtlichen Prägungen und auch unterschiedliche Erziehungsstile sind für das Miteinander der Generationen nicht zu unterschätzen. Ebenso unterschiedliche Traditionen und Wertesysteme. So haben zum Beispiel Menschen, die selbst oder deren Eltern in Russland aufgewachsen sind, zu manchen Fragen des Lebens eine andere Einstellung als Menschen, die z. B. ihr ganzes Leben im Ruhrgebiet verbracht haben.

Was aber bringt es, mehr über Entwicklung und Prägung der anderen Generationen zu wissen? Welchen Nutzen können wir daraus ziehen?

Manche weiterführenden Schulen nutzen die Chance, die letzten Überlebenden des Holocaust und der Nazi-Diktatur einzuladen. Die authentischen Berichte dieser Augenzeugen lassen kaum einen Schüler oder eine Schülerin unbeeindruckt. Und das ist gut so.

Wer Gelegenheit hat, sollte die Hochbetagten fragen, was sie erlebt und empfunden haben. Manche Äußerungen und Verhaltensweisen sind danach besser zu verstehen.

Mein Sohn hat, als er zwanzig Jahre alt war, seine Großmutter befragt. Oma Ruth stammte aus dem ehemaligen Ostpreußen. Und deshalb wurde erst mal im Atlas nachgeschaut und dabei auch der Weg der Flucht nachgezeichnet. Beeindruckend war, als sie von den Anfeindungen wegen ihres Vornamens sprach. Ruth zu heißen, war damals ein Stigma. Aber sie war stolz auf ihren Namen.

Erst im Nachhinein machte sich mein Sohn bewusst, dass sie damals nur wenig älter gewesen war als er selbst zur Zeit des Gesprächs. Wie selbstständig und eigenverantwortlich sie mit Anfang zwanzig gewesen sein musste, als sie sich auf den weiten Weg nach Westen gemacht hatte, gemeinsam mit ihrer zukünftigen Schwiegermutter, aber ohne ihre eigene Familie und ohne etwas über den Verbleib ihres Verlobten zu wissen.

Über manches, was sie auf der Flucht erlebt hatte, schwieg sie. Und wir konnten nur erahnen, warum. Manchmal waren wir auch erstaunt, dass sie bei politischen Themen zur Vergangenheit wenig zugänglich reagierte. Ohne auch nur ein wenig von ihrer Geschichte zu wissen, wäre manches viel schwerer zu verstehen gewesen.

Für meinen Sohn hat das Gespräch mit der Oma dazu beigetragen, aufmerksamer zu werden auf das Weltgeschehen und sensibel zu werden für Repressalien und Stigmatisierungen.

Auch für Annika Hering ist die Auseinandersetzung mit der Geschichte wichtig. Sie hat mir die Geschichte ihres Großvaters erzählt und verbindet damit eine bedeutende Erkenntnis:

»Geboren wurde er in der Ukraine. Er wurde nicht als Russe und nicht als Deutscher akzeptiert. Er war in Kriegsgefangenschaft und mehrmals in Todesgefahr, hat mit seiner Frau in Usbekistan gelebt, ist nach Deutschland ausgewandert und hat sich dort ein neues Leben aufgebaut. Über sein Leben konnte mein Opa also wirklich viel Spannendes und zeitgeschichtlich Wertvolles erzählen. Dies tat er auch sehr gern und ausschweifend. Meistens war es sehr interessant, diesen Geschichten zu lauschen.

Ich finde es einfach wichtig, über geschichtliche Ereignisse Bescheid zu wissen und sie ernst zu nehmen, insbesondere, damit sich schreckliche Ereignisse der Vergangenheit nicht wiederholen. Ich denke, dass es mich gar nicht gäbe, wenn Deutschland nicht so ›aufnahmefreundlich‹ gewesen wäre; das spielt für mich gerade jetzt in der Flüchtlingssituation eine Rolle.«

Mehr voneinander zu wissen, hilft also, einander besser zu verstehen. Eigene Sichtweisen können erweitert und Themen der Gegenwart in einem größeren Zusammenhang betrachtet und gegebenenfalls auch bewertet werden.

4 ANGST – MUT – HOFFNUNG

Generationensensibel werden, bedeutet:
Ängste ernst nehmen. Sich mutig mit ihnen
auseinandersetzen.
Nicht aufgeben. Perspektiven der Hoffnung entwickeln.
Neues wagen.

Die demografischen Veränderungen

»Die Alten werden immer mehr«, ist vielfach zu hören. Oft ist damit ein tiefes Seufzen verbunden. Auch wenn sich die demografischen Veränderungen einleuchtend und anschaulich darstellen lassen, sind sie für etliche auch mit Verunsicherung verbunden.

Veränderungen lösen in den meisten Fällen ja erst einmal Fragen, Zurückhaltung und oft auch Widerstand aus. Bisweilen wird dann sogar ein Krisenszenario aufgebaut. Das ist bei den demografischen Veränderungen nicht anders. »Rentnerschwemme« war schon 1996 das Unwort des Jahres. Die Ängste, die dahinterstehen, haben sich bis heute gehalten. Die Jungen haben Angst, zu kurz zu kommen, die Alten haben Angst vor Ausgrenzung und Abschiebung.

Das belastet das Miteinander der Generationen. Wenn wir aber diese Ängste verdrängen, geben wir uns letztlich keine echte Chance auf Verbundenheit.

Zwei Märchen können helfen, die Probleme mit Abstand zu betrachten und zugleich auf den Punkt zu bringen: Die bekannten Märchen »Hänsel und Gretel« und »Die Bremer Stadtmusikanten« enthalten zu diesem Thema erstaunliche Wahrheiten, und es sind in ihnen auch hoffnungsvolle Impulse zu entdecken.

Die Ängste der Älteren:
Die Bremer Stadtmusikanten

Die Bremer Stadtmusikanten sind vier alt gewordene Tiere! Da ist zunächst der Esel. Jahrelang hat er seinem Herrn treu gedient und unermüdlich die Säcke zur Mühle getragen. Aber als seine Kräfte nachlassen und er für die schwere Arbeit immer untauglicher wird, will sein Herr ihn »aus dem Futter schaffen«, wie es heißt.

Dann kommt der Hund hinzu! Als Jagdhund war er viele Jahre der Gehilfe seines Herrn. Aber als er älter und schwächer wird, hält sein Herr ihn für nicht mehr brauchbar und will ihn totschlagen.

Gemeinsam begegnen sie der Katze! Zeitlebens hat sie Mäuse gejagt. Und nun, da sie alt geworden ist und ihre Zähne nicht mehr so spitz sind wie früher, will sie lieber hinter dem Ofen sitzen und schlafen, anstatt Mäuse zu jagen. Doch die Bäuerin hat vor, sie zu ertränken.

Und dann treffen sie noch den Hahn! Er kann zwar noch aus Leibeskräften krähen, soll aber doch im Kochtopf landen und am Tag darauf verspeist werden, da die Bauersfamilie Besuch erwartet.

———

Vier Alte, die für andere keine Vorteile mehr bringen. Vier, die vertrieben werden oder um ihr Leben fürchten müssen, weil sie alt geworden und vermeintlich zu nichts mehr nutze sind. Unschwer lässt sich im Märchen erkennen, was denen droht, die nutzlos erscheinen.

Ist das nur im Märchen so? Oder drängt sich ebenso unschwer der Vergleich auf mit einem Gemeinwesen, in dem nur die etwas gelten, die auch etwas leisten? Und Leistung wird dabei gemessen an materiellem Erfolg. Ansonsten droht Diskriminierung. In diesem Fall Altersdiskriminierung. Müssen sich in unserer Gesellschaft Ältere quasi dafür entschuldigen, dass sie noch da sind?

Werden sie nur als Last empfunden, die auf den Schultern der Jüngeren liegt?

MÜSSEN SICH IN UNSERER GESELLSCHAFT ÄLTERE DAFÜR ENTSCHULDIGEN, DASS SIE NOCH DA SIND?

Eine solche Diagnose wird nicht selten gestellt. Aber berücksichtigt sie auch alle Indikatoren? Zunächst muss ehrlich wahrgenommen werden: Es gibt Altersdiskriminierung, auch in unserem so fortschrittlichen Land. Das macht vielen Älteren Not.

Nicht immer äußert sich das in offener Feindschaft. Oft ist es das Nicht-mehr-ernst-genommen-und-belächelt-Werden. Ausgrenzung bei Veranstaltungen oder sogar in Gesprächen! Altersdiskriminierung macht auch vor frommen Kreisen nicht halt.

Die Ängste der Jüngeren: Hänsel und Gretel

Ebenso ehrlich müssen die Ängste der Jüngeren wahrgenommen werden. Dazu ist das Märchen von Hänsel und Gretel aufschlussreich. Denn da ist es eher umgekehrt: Da werden die Kinder von den Eltern verlassen, abgeschoben, im Wald ausgesetzt. Das scheint für den Vater und die Stiefmutter die einzige Möglichkeit zu sein, das eigene Überleben zu sichern. Für alle vier reichen die wenigen Nahrungsmitteln nicht aus.

Durch die Jüngeren sehen die Älteren ihre eigene Existenz bedroht. Und so lässt sich der Vater, ein armer Holzfäller, von seiner Frau dazu überreden, die beiden Kinder im Wald auszusetzen. Der erste Versuch misslingt, weil die Kinder den Plan der Eltern belauscht haben und Hänsel heimlich Kieselsteine auf den Weg streut. Und so finden die Kinder später leicht den Weg zurück.

Als die nächste Hungersnot die Existenz der Familie bedroht, versuchen die Eltern erneut, die Kinder loszuwerden. Weil Hänsel dieses Mal keine Gelegenheit hat, Kieselsteine mitzunehmen, streuen die Kinder Brotkrumen auf den Weg, die von den Vögeln aufgepickt werden. Und so irren die Kinder nun allein im Wald herum, bis sie an ein Lebkuchenhaus kommen.

SEHEN SICH HEUTE JÜNGERE IHRER ZUKUNFTSCHANCEN BERAUBT?

———

Populär geworden ist das Märchen vor allem durch dieses Lebkuchenhaus. Und auch das Kinderlied »Hänsel und Gretel verirrten sich im Wald« nimmt hauptsächlich die Hexe und das Knusperhäuschen in den Blick. Viele verschiedene Deutungen hat das Märchen bisher erfahren, die alle bedenkenswert sind.

Anfang und Schluss des Märchens aber und die Not von Eltern und Kindern bringt auch eines der Probleme zwischen den Generationen auf den Punkt. Letztlich ist es die Frage nach der Generationengerechtigkeit. Welche Generation hat die besseren und welche hat die schlechteren Lebensbedingungen? Welche Generation ist im Vorteil, welche im Nachteil? Welche Generation hat das Recht auf Wohlergehen? Auf Überleben?

Im Märchen von Hänsel und Gretel bringt die Existenz der Kinder den Eltern Nachteile. So sehen es die Älteren. Die Kinder bedrohen ihr Leben. Auch an dieser Stelle ist wieder zu fragen: Ist das nur im Märchen so? Oder sehen sich auch heute manche Jüngere ihrer Zukunftschancen beraubt?

Vielen Jüngeren macht der demografische Wandel Angst. Sie sorgen sich um ihre Zukunft. Anders als im Märchen sehen sie, dass heute viele Ältere finanziell abgesichert sind. Sie fragen sich aber, wie es ihnen ergehen wird, wenn sie selbst älter geworden sind.

Warnsignal Angst

Der Blick auf den demografischen Wandel und die ehrliche Auseinandersetzung mit den Ängsten hinterlässt Spuren. Das ist bei Jüngeren und auch bei Älteren so. Welche Spuren sich aber in uns eingraben und welchen wir folgen wollen, das können und müssen wir selbst entscheiden.

Kurz gefasst, spiegelt das Märchen von den Bremer Stadtmusikanten die Ängste und Nöte, die das Älterwerden mit sich bringt. Und das Märchen von Hänsel und Gretel drückt aus, was Jüngeren Angst machen kann. Überspitzt gesagt, geht es in dem einen Märchen den Jungen an den Kragen und in dem anderen den Alten. Und interessant ist, wie sie damit umgehen.

Dass Angst ein schlechter Ratgeber sei, ist als Redewendung ja bekannt. Manchmal wird der Satz noch fortgesetzt »… aber ein guter Spion.« Ja, Angst lässt aufmerksam werden und ist ein Warnsignal. Sie kann dazu anregen, nachzuforschen und den Dingen auf den Grund zu gehen. Als solche kann sie sogar eine sinnvolle Impulsgeberin sein.

Sie darf sich nur nicht zerstörerisch auf die Persönlichkeit eines Menschen und auf eine Gemeinschaft, konkret: auf die Generationengemeinschaft auswirken. »Angst essen Seele auf« darf nicht die Folge sein, wie es schon 1974 der gleichnamige Film von Rainer Werner Fassbinder zum Ausdruck gebracht hat. Angst darf nicht die Zukunftssorgen und das Miteinander der Generationen bestimmen.

Senfkorn Hoffnung

Hilfreicher ist es, nach Zeichen der Hoffnung Ausschau zu halten. Und die sind gar nicht so schwer zu entdecken. Schon die Märchen enthalten dazu interessante Fährten: In beiden Märchen ergeben sich die Ausgestoßenen nicht in ihr Schicksal. Sondern sie werden aktiv und auch kreativ. Sie mobilisieren ihre Kräfte und machen sich auf den Weg. Sie wollen leben und überleben. Gemeinsam.

Wie bei allen Märchen spiegeln auch hier die Akteure der Handlung seelische Kräfte, die in uns sind. Sie geben damit Hinweise auf Veränderungsmöglichkeiten.

Hoffnungszeichen bei den Bremer Stadtmusikanten

So machen uns die vier alternden Tiere der Bremer Stadtmusikanten klar: Ein Neuanfang ist möglich. Auch im Alter. Man muss nur aufbrechen. Oft erfordert das Mut und fällt je nach Persönlichkeit leichter oder schwerer. In ihrer Unterschiedlichkeit ähneln die vier Tiere den vier verschiedenen Persönlichkeitstypen, wie sie schon der Psychoanalytiker Fritz Riemann beschrieben hat.

- Der Esel als der treue und geduldige Lastenträger repräsentiert die nach Riemann *depressive Persönlichkeit*. Als er nicht mehr kann, steigt er aus, gibt aber nicht auf.
- Der Hund als der bissige, wachsame »Anpacker« steht für die bewahrende, *zwanghafte Persönlichkeit*. Als er am Ende seiner Kraft ist, fängt er neu an.
- Die freiheitsliebende, eigenwillige Katze verkörpert die *schizoide Persönlichkeit*. Als sie in Bedeutungslosigkeit versinkt, wird sie Teil eines Teams.
- Und der schreiende, laute, extrovertierte Hahn steht für die *hysterische Persönlichkeit* und wird ebenfalls ins Team hineingenommen.

Hier können sich Menschen mit ganz unterschiedlichen Charakteren und Verhaltensweisen wiederfinden: Gefühlsmenschen, die anpassungsfähig, fürsorglich, nähebedürftig sind, ebenso wie pflichtbewusste, disziplinierte Prüfer und Bewahrer. Wer sich vorwiegend von der Vernunft leiten lässt, exakt und zuverlässig arbeitet und plant, findet für sich einen Anhaltspunkt, doch das gilt auch für die Unkonventionellen, die flexibel, spontan, kreativ und bisweilen auch etwas sprunghaft sind. Und für diejenigen, die Charakterzüge von mehreren Persönlichkeitstypen bei sich wahrnehmen, gibt es erst recht einiges zu entdecken.

Für alle ist interessant: Den Schritt aus der vertrauten Umgebung heraus geht zunächst jede und jeder allein. Aber dann schließen sich die unterschiedlichen Charaktere zu einer Gemeinschaft zusammen. Gemeinsam machen sie sich auf den Weg in ein neues Leben! Und es gelingt ihnen Erstaunliches: Sie erschrecken und vertreiben Räuber und leben schließlich lustig und in Freuden in einer Alten-Wohngemeinschaft.

Es geht also eine hoffnungsvolle Botschaft von den Bremer Stadtmusikanten aus: Mutig Neues wagen und die vorhandenen Kräfte und Fähigkeiten einsetzen und nutzen, das stärkt und führt zu einem neuen Ziel!

Und ist das nicht sogar ein wichtiges Signal für die Umgebung? Für alle, die die Alten für nutzlos hielten? Sind das nicht hilfreiche Impulse für die Generationengemeinschaft, ohne Anspruch, sie eins zu eins umzusetzen?

Hoffnungszeichen bei Hänsel und Gretel

Was aber ist das Signal der Hoffnung im Märchen von Hänsel und Gretel? Auch hier werden die, die geopfert werden sollen, aktiv und fügen sich nicht einfach in ihr Schicksal. Sie überwinden Schwierigkeiten und am Ende führen auch in diesem Märchen (fast) alle ein gutes Leben.

Interessant ist dabei die Entwicklung, die die beiden jungen Menschen durchleben. Sie müssen Schwierigkeiten, Gefahren und Widerstände überwinden. Allein im Wald sind sie einer echten Krisensituation ausgesetzt. Aber Krisen müssen nicht in Katastrophen enden. Das wird deutlich.

Das Wort »Krise« setzt sich in der chinesischen Sprache aus zwei Schriftzeichen zusammen. Das eine bedeutet Gefahr, das andere Chance. Und der Psychoanalytiker Erik H. Erikson hat prognostiziert: »Ohne Krise kein Wachstum.« Insofern kann eine Krisensituation die Persönlichkeitsentfaltung fördern.

Durch eine Lage, in der keine Hilfe zu erwarten ist, lernen die beiden jungen Leute, ihr Geschick selbst in die Hand zu nehmen. Sie überwinden gemeinsam ihre Ängste und Zweifel und wachsen dadurch über sich hinaus. Sie gewinnen an Reife. Der Reifeprozess lässt sie stark werden, allen Widerständen zum Trotz. Sie gehen gestärkt aus der Krise hervor und entwickeln für alles, was noch auf sie zukommt, reichlich Widerstandsfähigkeit.

Eine solche Widerstandskraft nennt die Psychologie Resilienz. Dieser Begriff kommt eigentlich aus der Werkstoffkunde und meint Stoffe, die bei Belastung nachgeben und anschließend wieder in den Normalzustand zurückspringen. So etwas soll zum Beispiel der Fall sein bei Kunststoffstoßstangen am Auto, die kleine Rempler relativ unbeschadet überstehen.

GUTE FÄHIGKEITEN, DIE ALLE ENTWICKELN KÖNNEN: WIDERSTANDSKRAFT UND INNERE STÄRKE.

Ein anschaulicheres Beispiel sind Stehaufmännchen oder Drücketiere. Diese netten kleinen Spielzeuge können als aufschlussreiche Metapher dienen: Auch Menschen müssen unter äußerem Druck nicht zerbrechen. Sie können lernen, das, was in ihnen steckt, ihre Fähigkeiten und Ressourcen, zu entwickeln und zu nutzen. So können sie gestärkt aus Krisen hervorgehen.

Insofern ist auch dem Märchen von Hänsel und Gretel eine hoffnungsvolle Botschaft zu entnehmen. Widerstandskraft macht nicht nur stark, sondern auch zuversichtlich. Diese Fähigkeit kann und sollte entwickelt werden. Sie ist nicht angeboren. Jeder Mensch kann in jeder Lebensphase innerlich wachsen, reifen und das Leben neu ausrichten. Das gilt für Jüngere wie auch für Ältere.

Dazu passt gut, dass am Schluss des Märchens auch von Reue, zumindest eines Elternteils, nämlich des Vaters, die Rede ist. Zu reflektieren und Haltungen gegebenenfalls auch zu revidieren, trägt zu positiven Veränderungen bei.

Ein weiter Blick

Die Märchen regen an, den Kopf nicht in den Sand zu stecken, sondern Angst und auch Hoffnung ernst zu nehmen. Es ist sinnvoll, Ängste und Widerstände, die die Generationen einander entgegenbringen, in ihrem Ursprung und ihrer Bedeutung zu erfassen und sich ihnen zu stellen.

Denn nur so kann der Knoten der Angst gelöst werden. Die Angst bleibt nicht bestimmend, sondern wird zum Auslöser dafür, Probleme und unterschiedliche Sichtweisen differenziert anzuschauen.

Dazu gehört auch, auf die Zusammenhänge zu achten, in die die demografischen Daten eingebettet sind. Für sich alleine betrachtet, haben sie eine relativ geringe Aussagekraft. Je nach Blickrichtung und Indikator können sich die Deutungen bisweilen stark voneinander unterscheiden. Geht es um die Geburtenziffer, den Altersaufbau der Bevölkerung oder um die sozio-ökonomische Entwicklung? Bei allem sind auch regionale Unterschiede zu berücksichtigen und dass Prognosen keine tatsächlich eintreffenden Ereignisse beschreiben können.

Aber es ist gut und wichtig, aufmerksam zu werden und die Herausforderungen und Chancen, die die Generationenvielfalt mit sich bringt, anzunehmen. Auch das bedeutet es, generationensensibel zu werden.

Für die Vielfalt der Generationen braucht es den weiten Blick, der über die eigene Generation und über eigene Bedürfnisse und Erwartungen hinausgeht. Das ist der Blick, der dann auch

ES BRAUCHT DEN WEITEN BLICK, DER ÜBER DIE EIGENEN BEDÜRFNISSE HINAUSGEHT.

die Schubladen öffnet und erkennt: Es geht ja schon lange nicht mehr um *die* Alten und *die* Jungen, und auch die Einteilung in junge, mittlere, ältere Generationen entspricht nicht mehr der Realität. Dass es so schwerfällt, sich von dieser Kategorisierung zu lösen, darüber kann man sich nur wundern.

Was wenig berücksichtigt wird, ist, dass Jüngere durch mehr Ältere auch auf mehr Solidarität hoffen dürfen. Auch auf Unterstützung unterschiedlicher Art. Dass viele Ältere zur Verfügung stehen mit ihren unterschiedlichen Ressourcen, kann für Jüngere auch Vorteile bringen.

Als unser erstes Enkelkind geboren wurde, freuten sich darüber zwei Omas, zwei Opas, zwei Uromas und mehrere Urgroßtanten und Urgroßonkel. Unsere kleine Enkeltochter war umgeben von vielen Erwachsenen unterschiedlichen Alters. Sie brachten Geschenke und auch ganz viel Liebe mit.

Und wir Großeltern hatten schnell viele Ideen, was wir alles mit dem kleinen Mädchen unternehmen wollten. Uns fielen Orte ein, die wir mit ihr besuchen wollten, Geschichten, die wir ihr erzählen wollten, und Menschen, mit denen wir sie bekannt machen wollten. Inzwischen ist sie nicht nur von Erwachsenen umgeben. Sie hat Schwestern und Cousins und Cousinen. Aber das Engagement der Großeltern ist geblieben, auch wenn es sich bei heranwachsenden Enkelkindern anders gestaltet.

Guter Hoffnung sein

Es gibt also durchaus viele Gründe, statt Angst Mut und Hoffnung füreinander zu haben. Hoffnung ist ein Wort, das in unserem alltäglichen Sprachgebrauch nicht so häufig vorkommt. Dabei spiegelt es so viel Dynamik, Bewegung, Lebendigkeit wider. Wir kennen den etwas veralteten Ausdruck »guter Hoffnung sein« für eine Schwangerschaft.

Ich finde, dieser Ausdruck macht sehr schön deutlich, was es heißt, Hoffnung zu haben. Denn eine Frau kann nicht nur »ein bisschen schwanger« sein. Sondern da wächst definitiv etwas in ihr, macht sich bemerkbar, wird sichtbar. Hoffnung muss also nichts Vages sein, sondern sie kann und soll konkret spürbar und wahrnehmbar werden – für uns selbst und für andere. Denn Hoffnung füreinander, auch für die anderen Generationen, zu haben, hat große Auswirkungen auf unsere Beziehungen.

Allerdings ist es gut, auch auf kleine Zeichen der Hoffnung zu achten und nicht nur mit einer übergroßen Erwartungshaltung auf andere Generationen zuzugehen. So kann nämlich aus dem kleinen Senfkorn Hoffnung etwas Großes und Starkes für die ganze Generationengemeinschaft werden.

HOFFNUNGSSCHIMMER ZU ENTDECKEN UND AUSZUSENDEN MACHT FROH.

Die Bibel beschreibt Menschen, die Hoffnung haben, als fröhliche Menschen, die auch in Bedrängnis standhaft bleiben und sich nahe an Gott halten. Das drückt zum Beispiel Römer 12,12 aus. Und im ersten Brief des Apostels Johannes wird der Angst die Liebe entgegengesetzt: »Wo die Liebe regiert, hat die Angst keinen Platz« (1. Johannes 4,18; NGÜ). Daraus schöpfen Menschen, die glauben, ihre Hoffnung.

Hoffnungsschimmer zu entdecken und auszusenden, macht froh.

DIE JUNGEN HÜPFER UND DIE ALTEN HASEN

Generationensensibel werden, bedeutet:
Achtsam mit Bildern, die wir von den anderen Generationen
haben, umgehen. Verallgemeinerungen, Vorurteile
und Formulierungen, die herabwürdigen, vermeiden.

Eine heilsame Erfahrung

»Warte auf mich alte Frau!«, rief ich meinem Mann hinterher, der
schneller als ich unten an der Treppe angekommen war.

Was war geschehen? Was hatte zu dieser spontanen Äußerung
geführt?

Wir waren zum Hochgebirgswandern in der Schweiz unterwegs. Unser Feriendomizil auf 2 000 Metern Höhe bot herrliche
Aussichten und die Umgebung hielt intensive Wanderrouten bereit.
Aber die Wetterprognose hatte für die folgenden Tage Dauerre-
gen angesagt. Deshalb entschlossen wir uns, die aus unserer Sicht
schönste Wanderung gleich am Tag nach unserer Ankunft zu unternehmen. Noch schien ja die Sonne.

So machten wir uns auf zum geografischen Mittelpunkt der
Schweiz und wieder zurück. Wir überwanden dabei ca. 1 000 Höhen-
meter. Mal ging es steil hinauf, dann wieder hinunter, durch Bergwie-
sen, schroffes Geröll, durch Schluchten und über Bäche. Begeistert,
wenn auch ermattet, kehrten wir am späten Abend zurück.

Und am anderen Morgen geschah es dann: Mich schmerzten
Muskeln, von deren Existenz ich bisher nichts geahnt hatte. Besonders heftig machten sie sich bemerkbar, als ich die besagte Treppe
hinuntergehen wollte. Das funktionierte nicht so schnell, wie ich
wollte. Also rief ich: »Warte auf mich alte Frau!«

Doch noch während ich sprach, regte sich in mir Widerspruch. Warum bezeichnete ich mich gerade in dieser Situation als alte Frau? Wenige Stunden vorher, auf dem Gipfel oder beim Springen über den Bergbach, wäre mir dieser Satz nicht in den Sinn gekommen. Ich erschrak über mich selbst.

Alt hatte ich unbewusst gleichgesetzt mit Langsam-Sein, mit Schmerzen-Ertragen, mit Defiziten. Was für ein Bild vom Älterwerden hatte sich da in mir Bahn gebrochen – obwohl ich mich an anderer Stelle doch so sehr dafür einsetze, Älterwerden differenziert zu betrachten und auch die damit verbundenen Chancen hervorzuheben!

Unsere Sprache verrät uns

Alt und *jung* sind in uns zu fest verankerten Synonymen geworden für Mangel und Schwäche auf der einen und Stärke und Frische auf der anderen Seite. Oft merken wir das kaum noch! Oder erst spät, wie ich nach unserer Wanderung.

VIELE DEUTEN »ALT« ALS MANGEL UND SCHWÄCHE, »JUNG« ALS FRISCHE UND STÄRKE.

»Da sahst du aber alt aus!«, sagen viele, wenn sie meinen: »Da hast du aber einen schlechten Eindruck gemacht! Da standest du dumm da!«

Heißt es dagegen: »Junge, Junge!«, dann ist das eher ein umgangssprachlicher Ausruf des Staunens. »Da hast du aber Glück gehabt!«, wird so, ganz unabhängig vom Geschlecht, signalisiert.

Unsere Sprache enthält viele solcher verborgenen Botschaften und oft ist uns das gar nicht bewusst.

Interessant ist, dass in Online-Wörterbüchern viele Synonyme zu finden sind, die *alt* als defizitär umschreiben oder *jung* positiv belegen. Auch in Wörterbüchern, die aus dem Regal gezogen werden, ist das nicht anders. *Alt* wird vorrangig mit »abgenutzt, verbraucht, vergangen« in Verbindung gebracht. Auch »traditionell« und »konservativ« wird in die Nähe von *alt* gerückt.

Dass mit *alt* auch »altvertraut, bekannt, erfahren, reif und weise« gemeint sein kann, wird eher nachrangig behandelt. Wenn *jung* dagegen für »neu, frisch, funktionstüchtig« steht und oft auch gleichbedeutend verwendet wird mit »modern und fortschrittlich«, so bleibt es nicht aus, dass damit auch Wertungen verbunden werden: *Jung* ist wertvoll, *alt* ist minderwertig.

Wissen Menschen, die sich selbst »zum alten Eisen zählen«, wie sie sich damit einordnen? Und wissen die, die andere so einschätzen, dass sie sie dadurch diskriminieren? Dass sie sie für schrottreif, nutzlos, überflüssig halten? Denn das bedeutet zum »alten Eisen gehören«. Was für eine beschämende Missachtung!

Aber auch junge Leute erleben Missachtung. Und auch hier sind es oft die unbedachten Äußerungen. »Der ist doch noch nass hinter den Ohren! Dieser Grünschnabel!« Wer so benannt wird, dem wird nichts zugetraut. Weil er noch vermeintlich unreif ist, »grün« wie unreifes Gemüse und »nass« wie ein Neugeborenes. Was für eine Anmaßung jungen, sich entwickelnden Menschen gegenüber!

Dabei gibt es doch auch andere Metaphern, denen wir Raum geben könnten: Warum nicht vom jungen Hüpfer sprechen, der energiegeladen die Welt erobert? Oder vom alten Hasen, der sich auskennt und viel Erfahrung mitbringt?

Es kommt aber auch darauf an, wie wir die Bilder auffassen und interpretieren. Wenn zum Beispiel ein Familienmitglied ein »altes Hausmittel« empfiehlt, muss weder das Hausmittel unbrauchbar, weil alt, noch das betreffende Familienmitglied hochbetagt sein.

Das Mittel kann einfach deshalb von Nutzen sein, weil es sich lang-jährig bewährt hat. So gab mir vor einiger Zeit meine Tochter einen Tipp für ein Mittel zur Fleckentfernung. Sie hatte ihn vor Jahren von meiner Tante, ihrer Großtante, bekommen. Da hatte »alt« für uns beide im doppelten Sinne einen guten Klang.

Gern werden neue, innovative Ideen mit jungen, frischen Trie-ben verglichen. Darüber, von wem die Ideen stammen, sagt das aber noch nichts aus. Es kann eine junge Ideengeberin oder ein alter Erfahrungsträger sein.

Vorurteile

Sensibel zu werden für festgefügte Bilder, kann helfen, negativen Bildern von *jung* und *alt* vorzubeugen. Und es kann dazu beitragen, positiven Eindrücken Raum zu geben.

Geschieht das nicht, verfesten sich Vorurteile. Zustande kom-men sie durch Verallgemeinerungen und voreilige Bewertungen, die nicht geprüft wurden. Und aus Vorurteilen können Fehlurteile werden, die sich in Stereotypen festsetzen. »Alte Menschen sind schlechte Autofahrer!« – »Junge Leute hocken ständig vor dem Fernseher!« Das sind zum Beispiel zwei Behauptungen, die leider immer wieder zu hören sind.

Tatsächlich sehen nach Auskunft der GfK, der Gesellschaft für Fernsehforschung, ältere Menschen mehr fern als junge Erwach-sene und Jugendliche.[6] Und tatsächlich ragt – laut ADAC – in den Unfallstatistiken die Gruppe der 60- bis 75-jährigen Fahrer nicht hervor. Weitaus mehr schwere Unfälle gingen auf das Konto von Fahranfängern. Allerdings habe man in der Gruppe der hochbe-tagten Autofahrer dann wieder Unfallzahlen wie bei den Führer-schein-Neulingen.[7]

Verallgemeinernde Sätze mit »Alle …« generalisieren und erhärten Vorurteile: »Alle Alten sind …« – »Alle Jungen sind …« Durch manche gewagte Behauptung kann also ein junger Mensch einem älteren Menschen und ein alter Mensch einem jüngeren Menschen unrecht tun.

Generationensensibel werden, bedeutet für mich insofern auch, auf Bilder zu achten, mit denen sich die Generationen gegenseitig herabwürdigen, Bilder, die den empathischen Blick aufeinander vermissen lassen. Dieser Blick sollte jedoch keinem Menschen versagt bleiben.

GENERATIONENSENSIBEL: AUF BILDER ACHTEN, DIE ANDERE HERABWÜRDIGEN.

Die biblische Botschaft empfiehlt, einander zu akzeptieren (vgl. Römer 15,7). Und von Jesus sind ebenfalls keine generalisierenden Aussagen überliefert, wie etwa: »*Alle* Römer sind … Unterdrücker? *Alle* Pharisäer sind … scheinheilig?« Jesus grenzt nicht aus, sondern schließt ein.

Mögliche Ursachen und Schlussfolgerungen

Wie kommt es aber, dass *jung* und *alt* ihre Neutralität eingebüßt haben? Was hat zu den beklagenswerten Sichtweisen und zu Vorurteilen geführt?

Frank Schirrmacher, der 2014 verstorbene Journalist und Autor, nennt in seinem 2004 erschienenen Buch »Das Methusalem-Komplott« als gewichtigsten Grund für negative Altersbilder den Jugendwahn. Er findet drastische Worte und will aufrütteln. Zur Veranschaulichung vergleicht er Einstellungen und Meinungen zum Altern mit einem Auto: Als das Auto neu war, war es der Stolz der Straße und zog alle Blicke auf sich. Aber im Laufe des Älterwerdens wurde es zunehmend zur Last. Es war seinem Besitzer zwar noch nützlich, aber manchmal auch peinlich.

Doch was macht da der Besitzer? Der abgewirtschaftete Gebrauchtwagen wird mit Spoilern und zusätzlichen Scheinwerfern versehen. Sie sollen die Kraft der Jugend ausstrahlen, die das Auto laut Zulassung längst verloren hat. Manchmal wird das alternde Auto über die Autobahn gejagt, aber dort von anderen, neueren Autos bedrängt, wenn es nicht freiwillig zur Seite geht. Außerdem stört man sich an seinen Geräuschen und hält es für eine Umweltbelastung. Am Ende muss man ihm dann aus Sicherheitsgründen die Zulassung entziehen, damit es auf öffentlichen Straßen nicht mehr in Erscheinung tritt.

Was witzig klingt, ist aber eine bittere Diagnose. Schirrmacher hat sie mit der Empfehlung verbunden, sich von der Fiktion ewiger Jugendlichkeit zu verabschieden.

———

Als ich das Buch von Frank Schirrmacher vor einigen Jahren las, kam mir der Roman von Oscar Wilde »Das Bildnis des Dorian Gray« in den Sinn. Es ist die Geschichte eines überaus gut aussehenden jungen Mannes, dessen Wunsch, nicht zu altern, in Erfüllung geht. Stattdessen altert das Bild, das von ihm gemalt wurde.

Aber er muss erkennen, dass Schönheit und Jugend allein nicht glücklich machen. Beziehungen scheitern. Er verliert viel. Während er äußerlich jung und schön bleibt, vollzieht das Gemälde die Veränderung seines Äußeren in erschreckender Weise und ist gleichzeitig ein Spiegel seines Inneren. Nach vielen Jahren beschließt er, dem allem ein Ende zu bereiten, und zerstört das Bild. Seine Dienerschaft findet das Bild in seinem Ursprungszustand und ihn als alten Mann tot auf dem Boden liegend.

Englands viktorianische Gesellschaft war der Hintergrund für dieses Sittengemälde, das vor über 125 Jahren entstanden ist. Doch auch wenn der Roman die Zeit und die Welt repräsentiert, in der Oscar Wilde gelebt hat, wird deutlich, dass der Wunsch nach Jugendlichkeit und gutem Aussehen immer schon ein vordergründiger und problematischer Wunsch gewesen ist.

Heute ist es unsere Fixierung auf andauernde Jugendlichkeit, die Frank Schirrmacher anprangert. Es ist die Sichtweise, dass lediglich jugendliches Aussehen als positiv betrachtet wird. Die Werbung suggeriert uns: »Youth is beautiful!«, und stellt uns allerlei Anti-Aging-Produkte vor. Die Drogeriemärkte sind voll davon! Aber ist das Wort Anti-Aging nicht allein schon eine Diskriminierung?

HEUTE SCHEINEN JUGENDLICHKEIT UND ERFOLGHABEN ZUSAMMENZUGEHÖREN.

Ich kenne Menschen, die als Altersangabe »39 plus x« oder, nach dem Abc, »49 plus a« nennen. Kürzlich hörte ich von einer Frau, die ihr Alter mit »29 plus c« angab. Das kam bei dem Bewerbungsgespräch allerdings nicht gut an. Auch wenn solche Angaben meist nicht ganz ernst gemeint sind, scheint es für manche so etwas wie imaginäre Verfallsdaten zu geben. Früher legte der »Erfolgsmensch« seine Jugendlichkeit ab. Heute scheinen Jugendlichkeit und Erfolghaben zusammenzugehören.

Frank Schirrmacher erinnert dagegen bewusst an den sprichwörtlich alten Methusalem, über den die Bibel berichtet, dass er noch im hohen Alter Söhne und Töchter zeugte. Für Schirrmacher ist die Methusalem-Metapher der Hinweis auf eine Zeit, die ein hochachtungsvolles Bild vom Alter hatte. Er ist der Ansicht, dass Methusalem auch heute für den bis ins hohe Alter agilen und leistungsfähigen Menschen stehen kann.

In den Schuhen der anderen

Auf praktische und anschauliche Weise kann ein sogenannter *Age-Explorer* dazu beitragen, dass wir generationensensibel werden und uns von unseren Vorurteilen lösen.

Ein solcher Alterssimulationsanzug sieht ähnlich aus wie ein Raumanzug. Man muss hineinsteigen und er bringt etliche Unbequemlichkeiten und Einschränkungen mit sich. Es ist umständlich, darin zu gehen; man hört nicht gut, man sieht nicht so gut. Auf diese Weise kann dieser Anzug jüngeren Menschen vermitteln, was für Ältere allmählich zur täglichen Realität wird. Für kurze Zeit können sie in die Erfahrungswelt eines älteren Menschen eintauchen.

Der Age-Explorer ist also durchaus ein geeignetes Hilfsmittel, um wahrnehmen zu können, warum Beweglichkeit, Sinneseindrücke und auch Stimmungen mit dem Älterwerden anders sein können. Wie fühlt es sich an, das meiste langsamer und leiser zu erleben und den Wunsch nach Wiederholung zu haben?

Fairerweise sollte dieses Experiment aber auch umgekehrt durchgeführt werden, nämlich, indem Ältere versuchen, sich in Jüngere hineinzuversetzen. Wie geht es ihnen zum Beispiel bei einer gemeinsamen Unternehmung?

Nun gibt es im Gegensatz zum Age-Explorer leider keinen Youth-Explorer. Aber vielleicht ließe sich etwas entdecken, was zum Beispiel das Gegenteil von Minderungen des Hör- und Sehvermögens darstellt: Alles wirkt sehr groß, sehr laut und wie in Zeitlupe. Allein diesen Gedanken zuzulassen, kann Älteren bewusst machen, warum Jüngere manches eintönig, ja, langweilig finden, wenn Ältere den Wunsch äußern: »Lauter bitte! Noch einmal!«

Ob es sich nun um eine tatsächliche Erfahrung mit einem Age-Explorer oder auch nur um ein Gedanken-Experiment handelt – wichtig ist, dass diese Hilfsmittel nicht wieder zu Generalisierungen und Zuschreibungen führen: alt und langsam, jung und quirlig.

Daher hilft vielleicht eher eine Empfehlung, die auf eine alte indianische Weisheit zurückgehen soll. Sie rät, »in den Schuhen des anderen zu gehen«, und zwar ganz individuell, eins zu eins umgesetzt. Man soll versuchen, sich einzufühlen in die Lebenslage eines ganz bestimmten älteren oder jüngeren Menschen. Hören, was er hört, sehen, was sie sieht, fühlen, was er fühlt.

IN DEN SCHUHEN EINES ANDEREN ZU GEHEN, HEISST: HÖREN, FÜHLEN UND SEHEN, WAS ER HÖRT.

Auf diese Weise eröffnen sich uns die Perspektiven des Gegenübers. So können wir lernen, die Beweggründe des oder der anderen zu verstehen. »In den Schuhen des anderen zu gehen«, hilft zweifellos, generationensensibler zu werden und sich von manchen Vorurteilen zu verabschieden.

Schubladen öffnen

Um Schubladen, in denen wir alle irgendwie stecken, und wie sie sich öffnen lassen, ging es im Frühjahr 2017 in einem dänischen TV-Spot. Unter dem Titel »All That We Share« (Alles, was wir gemeinsam haben) erfreute er sich in den sozialen Netzwerken großer Beliebtheit. Er zeigte ein ganz einfaches Experiment: Verschiedene Menschengruppen betraten einen Raum und stellten sich in abgegrenzte Flächen.

Dabei sprach ein Erzähler: »Es ist einfach, Menschen in Schubladen einzusortieren. Hier sind *wir* und dort sind *sie*.« Zu sehen waren Männer und Frauen im Business-Look, muskelbepackte Menschen mit Tätowierungen, Leute vom Land und Frauen mit Kopftuch, Jugendliche, von denen es hieß, dass sie noch nie im Leben eine Kuh gesehen hätten.

Dann trat ein Mann in den Raum: »Willkommen. Ich werde

Ihnen einige Fragen stellen.« Gemäß ihrer jeweiligen Antworten sollten sich die Teilnehmenden nun zusammenfinden: »Wer war früher der Klassenclown?«, »Wer fühlt sich einsam?«, »Wer ist Stiefvater oder Stiefmutter?« und so weiter. Das Ergebnis: Die Menschen mischten sich, kamen aus allen Flächen zusammen und bildeten neue Gruppen.

Mithilfe einfacher Fragen wurden Stereotype und Vorurteile aufgebrochen. Menschen, die auf den ersten Blick nicht viel miteinander gemeinsam zu haben schienen, teilten in Wirklichkeit Freude, Staunen, Schmerz und Scham. Das Experiment hatte das Ziel, neue Verbindungen zu schaffen – und die Teilnehmenden konnten ein neues Wir erfahren.

In Anlehnung an diese Idee habe ich bei einer Veranstaltung meiner Kirche ebenfalls die Mitglieder verschiedener Arbeitsbereiche Trennendes und Gemeinsames erfahren lassen. Da waren zunächst die Frauen und die Männer, die Jungen und die Alten, die Familien und die Singles. Doch dann gab es Themen, die zu gemeinsamen Anliegen wurden: die Bewältigung von Krisen, Lebensanfang und Lebensende, selbstbestimmtes Leben, Weiterbildung, Gerechtigkeit und anderes mehr.

So können Festlegungen gelockert und neue Sichtweisen möglich werden. Manchmal braucht es dafür einfach nur ein wenig Kreativität, aber vor allem Offenheit.

Offenheit

Dass Klischees in jungen Jahren noch nicht so ausgeprägt sind, sondern sich erst im Laufe der Zeit verfestigen, bemerkte ich erfreut in einem Gespräch mit meiner elfjährigen Enkeltochter. »Was verbindest du mit alt und jung?«, habe ich sie gefragt.

Positiv oder negativ spielten in ihren Antworten keine Rolle. Ihr ging es vielmehr um den Unterschied, dass Erwachsene, und dazu zählte sie sowohl ihre Eltern- als auch ihre Großelterngeneration, selbst bestimmen dürfen und Kinder noch die Einwilligung oder auch den Halt und Schutz der Eltern brauchen. Wie schön, dass sie sich noch keines der weitverbreiteten Stereotypen zu eigen gemacht hatte!

Und wie schade ist es doch, wenn keine Bereitschaft besteht, vorhandene Klischees aufzubrechen und Schubladen zu öffnen. Oft muss einfach nur »der Balken im eigenen Auge« entfernt werden. Darauf hat schon Jesus hingewiesen (nachzulesen im Neuen Testament, in Matthäus 7,3-5 und Lukas 6,41-42).

6 | MITEINANDER – VONEINANDER – ÜBEREINANDER

Generationensensibel werden, bedeutet:
Miteinander und voneinander lernen.
Übereinander mehr erfahren. Lernpartnerschaften nutzen.
Bildungsprozesse gemeinsam gestalten.

Lernen

Wenn Lernen verstanden wird als eine »relativ überdauernde Verhaltensänderung, hervorgerufen durch wiederholte Erfahrungen in gleicher Situation«, braucht es dafür günstige Voraussetzungen, und zwar in Bezug auf Orte, Zeiten, Ansatzpunkte und anderes mehr.

Dr. Andrea Klimt lehrt Praktische Theologie an der Theologischen Hochschule Elstal. Sie ist eine Mittlerin zwischen Theorie und Praxis, und ich freue mich, dass sie in einem Interview erläutert, was sie unter generationensensibel versteht, warum ihr die Vermittlung des intergenerationellen Lernens wichtig ist und auch, welche Bedeutung das Miteinander der Generationen für sie persönlich hat.

IM GESPRÄCH MIT DR. ANDREA KLIMT

Andrea, sag bitte zunächst etwas zu deiner Person und zu deinem beruflichen Weg.
Ich bin 1962 geboren und seit 34 Jahren verheiratet mit Walter Klimt. Wir haben zwei erwachsene Söhne. Nach

dem Studium am Theologischen Seminar des BEFG in Hamburg war ich Pastorin in der EFG Hamburg-Altona. Seit 1992 leben mein Mann, der auch Pastor ist, und ich in Wien. Hier haben wir eine Arbeit mit Studierenden aufgebaut und dann die projekt:gemeinde gegründet.

Ich habe lange den Arbeitsbereich Diakonie für die Baptistengemeinden in Österreich geleitet. Nebenbei habe ich an den Universitäten Hamburg und Wien weiter Evangelische Theologie studiert und mit einem Doktorat abgeschlossen. Neben meiner Arbeit als Pastorin habe ich weitere Ausbildungen absolviert und dann freiberuflich als Bibliodramaausbilderin, Lebens- und Sozialberaterin, Wirtschaftstrainerin und systemischer Coach gearbeitet.

Ich habe mich didaktisch mit allen Altersgruppen beschäftigt: Ich habe eine interaktive Computer-Kinderbibel für die ganze Familie konzipiert und gemeinsam mit einem Team umgesetzt, in Form von CD-ROMs und als Buch. Gemeinsam mit einer Psychologin habe ich im Rahmen eines EU-Projektes »ELLA – Ehrenamtliche für lebenslanges Lernen im Alter«, einen modularen Ausbildungskurs, entwickelt und durchgeführt.

Beide Projekte waren schon generationenübergreifend konzipiert. Bei der Kinderbibel haben wir uns vorgestellt, dass Großeltern und Eltern sie mit ihren Enkeln bzw. Kindern gemeinsam anschauen. Dass Angehörige beider Generationen gemeinsam vor dem Computer sitzen, den Film sehen und sich durch die Geschichten, das Bibellexikon und die Spiele klicken. Im ELLA-Kurs haben sich junge und ältere Erwachsene darauf vorbereitet, Senioren in verschiedenen Einrichtungen aufzusuchen und mit ihnen Lernpartnerschaften einzugehen. Ziel dieser Lernpartnerschaften war wechselseitiges Lernen: Ein jüngerer Mensch konnte, z. B. über die Lebensgeschichte eines alten Menschen, historisch-biografisches Wissen erlangen; ein besuchter Senior konnte etwas über die Lebenswelt eines jungen Menschen in der Gesellschaft von heute erfahren. Gemeinsam konnten beide lernen, wenn sie z. B. ein Museum besuchten oder einen Dokumentarfilm anschauten und darüber redeten.

Auch voneinander konnten sie lernen: Eine ehrenamtliche Mitarbeiterin konnte einem Senioren den Umgang mit Social Media beibringen und eine Seniorin einem jungen Besucher Stricken oder Häkeln. Damit sind schon die drei Hauptkategorien des intergenerationellen Lernens angesprochen: miteinander lernen, voneinander lernen und übereinander lernen.

Wie hast du das Miteinander der Generationen im Gemeindedienst erlebt?

In der EFG Hamburg-Altona waren alle Generationen vertreten. Ich habe als junge Pastorin vor allem die Unterstützung der älteren Gemeindeglieder genossen, die sich für meine Predigten bedankt haben und mir Mut gemacht haben, meinen Weg als Pastorin zu gehen. Vor allem die Tabea-Diakonissen haben gesagt, dass sie für mich beten. Und ich weiß, dass manche von ihnen es heute noch tun, was mir sehr guttut.

Die Veranstaltungen in der Gemeinde sind eher generationenspezifisch gewesen. Allerdings hat der Altentreff gerne junge Erwachsene eingeladen. Die Älteren haben die Beziehung zu den jungen Menschen sehr geschätzt. Es gab auch Familiengottesdienste. Dort waren alle Altersgruppen vertreten.

Ich selber habe sehr gerne mit allen Generationen gearbeitet, und wenn ich heute Pastorin einer Gemeinde wäre, dann wäre es für mich wichtig, das Miteinander der Generationen mehr zu fokussieren. Gemeindefreizeiten sind da eine gute Gelegenheit, aber auch Projekte, an denen Alt und Jung gleichermaßen beteiligt sind. Solche Projekte sind dann eventuell auch attraktiv für die Freunde und Nachbarn der Gemeinde.

In der projekt:gemeinde in Wien sind zu Beginn nicht alle Generationen vertreten gewesen. Da die Gemeinde aus einer Arbeit mit Studierenden heraus gegründet wurde, waren es zunächst überwiegend junge Erwachsene, aus denen die Gemeinde bestand. Nach einigen Jahren gab es dann immer mehr junge Familien. Inzwischen sind auch einige ältere Personen dazugekommen. Es fehlen ältere Kinder und Jugendliche und es gibt nur sehr wenige Personen über 60.

Mir fehlt etwas, wenn nicht alle Generationen da sind. Es macht Entscheidungsprozesse zwar eventuell einfacher, weil nicht so konträre Bedürfnisse vorhanden sind. Aber mir persönlich fehlt der regelmäßige Kontakt zu älteren Gemeindegliedern und der Austausch mit ihnen.

Wie erlebst du es als Dozentin?

Durch den Beitrag einer Studentin bin ich auf das Thema Intergenerationelle Bildung aufmerksam geworden. Ich finde es einen spannenden Ansatz, um aufkeimenden Konflikten entgegenzuwirken.

Außerdem habe ich wahrgenommen, dass einige Gemeinden das Miteinander der Generationen thematisieren. Manchmal gibt es Konflikte aufgrund unterschiedlicher Bedürfnisse (z. B. Unterschiede im Musikgeschmack, was die Lieder im Gottesdienst betrifft) oder es fehlen eine oder mehrere Generationen (z. B. in größeren Städten, wenn es andere Gemeinden mit einem speziellen Fokus auf junge Erwachsene gibt).

Der Bereich »Gemeinde bilden« gehört zu meinen Hauptaufgabengebieten, und ich sehe es als eine Herausforderung, gemeinsam mit den Studierenden zu erforschen, wie das Miteinander in der Gemeinde mit unterschiedlichen Generationen gelingen kann, wie intergenerationelle Bildungsveranstaltungen, Projekte und Aktionen aussehen können und so Gemeinde – im doppelten Sinne – gebildet werden kann.

Bei einem Tag der offenen Tür unserer Hochschule habe ich das Thema in einer Minivorlesung mit dem Titel »Was müssen wir tun, damit junge Menschen unsere Gemeinden verlassen?« angesprochen. Dort wurde schnell klar, dass junge Menschen unsere Gemeinden verlassen werden, wenn wir *nichts* tun.

Darüber möchte ich weiter nachdenken: Was können wir als Hochschule tun? Und wie kann ich als Dozentin das Thema für die und mit den Studierenden angehen,

und für die Gemeinden und mit ihnen. »Für« und »mit«
ist mir in Bezug auf Bildungsveranstaltungen wichtig. Es
ist wichtig, dass Studierende und Gemeinden an diesem
Bildungsprozess beteiligt sind. Daher lasse ich mich zu
diesem Thema auch gerne in Gemeinden oder Landes-
verbände einladen. Auch das gehört zu meiner Arbeit
als Dozentin an der Hochschule des BEFG.

Das Feedback aus der Praxis ist ein ganz wesentlicher
Beitrag zum Bildungsgeschehen: Die Bedürfnisse in den
Gemeinden werden so wahrgenommen, praktisch-theo-
logisch mit dem Beitrag der Bezugswissenschaften (u. a.
Pädagogik, Psychologie und Soziologie) reflektiert und
dann wieder durch Vorträge, Veranstaltungen oder den
späteren pastoralen Beitrag der jetzigen Studierenden
in die Gemeinden eingebracht, um der nächsten Refle-
xionsschleife zur Verfügung zu stehen. Mitten in diesem Bildungsprozess mit der Absicht der Bildung von
Gemeinden (strukturell und pädagogisch) erlebe ich
mich als Dozentin. Und das ist sehr spannend.

**Von dir habe ich das Wort »generationensensibel« ge-
lernt, das ja inzwischen unterschiedliche Verwendung
findet. Was verbindest du damit?**

Für mich bedeutet es schlicht und einfach, die Perspektive
um die Dimension Generationen zu erweitern. Sensibel
dafür zu sein, dass an einem Ort, in einer Gemeinde
oder in einer Veranstaltung unterschiedliche Generationen und damit unterschiedliche Bedürfnisse, Prägungen
und Kompetenzen vertreten sind. Diese können dann
auf unterschiedliche Art und Weise genutzt werden.

Zunächst ist es einfach hilfreich, Generationen wahrzunehmen.

Der Generationenbegriff kann ja auch verschieden verwendet werden. Kinder – Eltern – Großeltern, hier wird er genealogisch genutzt. In der Gemeinde wären das dann einfach die unterschiedlichen Altersgruppen. Geht es um die Generation derer, die schon länger Christ sind und für andere, »jüngere« Christen z. B. Mentoren sind, dann wäre das eine pädagogische Verwendung des Generationenbegriffs. Das Alter ist hier nicht das hervorstechende Merkmal.

Eine historisch-soziologische Verwendung ist es dann, wenn Menschen die gleichen Ereignisse miteinander erlebt haben, z. B. eine Gemeindespaltung oder den Bau eines neuen Gemeindehauses. Besondere historische Ereignisse verbinden Menschen unterschiedlichen Alters.

»Generationensensibel« heißt für mich dann, darüber nachzudenken, welche Altersstruktur die Gemeinde hat, wer wie lange zur Gemeinde gehört, welche besonderen Ereignisse die Gemeinde prägen. Dann kann ein neuer Blick auf unterschiedliche Prägungen, Bedürfnisse und Kompetenzen geworfen werden und überlegt werden, wie diese unterschiedlichen »Generationen« miteinander in Kontakt kommen können und was sie miteinander tun können.

Ein wichtiger Aspekt ist vor allem die Partizipation: Alle Generationen sollen z. B. an Entscheidungsprozessen beteiligt sein. Für mich war ein »Aha-Erlebnis«, dass es hier eine Schnittstelle mit der Untersuchung gibt, die die Theologische Hochschule über Faktoren von Gemeindewachstum gemacht hat.

Wachsende Gemeinden geben an, dass bei ihnen Kinder- und Jugendarbeit sehr wichtig ist und dass Kinder und Jugendliche auch an Entscheidungsprozessen beteiligt sind, was sie von anderen Gemeinden, die nicht in dem Maß wachsen, unterscheidet. Auch dort wird Kindern und Jugendlichen ein wichtiger Platz eingeräumt, nur sind sie nicht an den Entscheidungsprozessen beteiligt.

Im Rahmen deiner Lehrtätigkeit hast du dich mit der intergenerationellen Bildung beschäftigt. Was ist darunter zu verstehen? Und welchen Nutzen können wir daraus für eine gelingende Generationengemeinschaft ziehen?

Unter intergenerationeller Bildung versteht man bewusst initiierte oder zufällig stattfindende Bildungsprozesse, an denen mehrere Generationen beteiligt sind. Die Generationen lernen miteinander, übereinander und voneinander.

Mit diesen drei Schlagworten ist intergenerationelle Bildung gut beschrieben. Unterschiede zwischen Menschen können zu Konflikten führen oder auch produktiv genutzt werden. Im gemeinsamen Lernen verbringen unterschiedliche Menschen Zeit miteinander. Sie erzählen sich von ihrer Geschichte, ihrem Leben, den Dingen, die ihnen wichtig sind.

So nehmen sie einander wahr in ihrer Unterschiedlichkeit und können einander besser verstehen. Sie lernen, einander zu schätzen und auch ihre unterschiedlichen Bedürfnisse wahrzunehmen und zu respektieren. Auch unterschiedliche Fähigkeiten und Kompetenzen, die zum Gelingen des Gemeinschaftsprozesses beitragen, werden sichtbar.

Die gegenseitige Wahrnehmung, wer der oder die andere ist, was ihre oder seine Bedürfnisse und Fähigkeiten sind, ist Voraussetzung für eine gelingende Generationengemeinschaft. Gemeinsame Lernprozesse bedeuten immer mehr Zeit miteinander, mehr Auseinandersetzung mit der Eigenart der anderen und mehr Kommunikation. Das ist hilfreich für ein gelingendes Miteinander.

In welchen biblischen Belegen siehst du Hinweise, die für die Generationengemeinschaft hilfreich sind?

»Lobt ihn, ihr Männer und Frauen, Alte und Junge miteinander!« (Psalm 148,12; GNB). In Psalm 148 wird das Lob der ganzen Schöpfung beschrieben. Wir finden hier eine Liste, die die Gesamtheit der Schöpfung erfasst. Alles und alle werden aufgefordert, Gott zu loben: die Gestirne, das Wetter, die Landschaften, die Tiere, die Menschen. Frauen und Männer, alte und junge Menschen sollen Gott »Halleluja« zurufen.

Das Lob Gottes ist nur komplett, wenn alle mitloben. Das könnte man auch auf die Gemeinde beziehen. Erst alle Generationen gemeinsam machen Gemeinde zu einer richtig »runden« Sache.

»Denn wie der Leib einer ist, doch viele Glieder hat, alle Glieder des Leibes aber, obgleich es viele sind,

einen einzigen Leib bilden: So ist es auch mit Christus.«
(1. Korinther 12,12).

Ein Körper, der aus unterschiedlichen Organen und Gliedern besteht, ist ein ausgezeichnetes Beispiel für den
produktiven Nutzen von Unterschiedlichkeit. Bestände
er überwiegend aus gleichen Teilen, könnte er seine
Funktion nicht erfüllen. So wie der Körper unterschiedliche Organe und Körperteile braucht, so braucht eine
Gemeinde unterschiedliche Menschen, um ihre Aufgaben erfüllen zu können: ein Ergänzungsprogramm aus
Frauen und Männern, Alt und Jung.

Wichtig ist hier die gute Kommunikation. Ein gesunder
Organismus zeigt sich in dem, dass die einzelnen Teile
in einer lebendigen Beziehung zueinander stehen.

»Da rief er ein Kind herbei, stellte es in ihre Mitte und
sagte: Amen, ich sage euch: Wenn ihr nicht umkehrt und
werdet wie die Kinder, werdet ihr nicht in das Himmelreich hineinkommen. Wer sich so klein macht wie dieses
Kind, der ist im Himmelreich der Größte. Und wer ein
solches Kind in meinem Namen aufnimmt, der nimmt
mich auf« (Matthäus 18,2-5).

Erwachsene können viel von Kindern lernen: Vertrau-
en und echte Reaktionen wie Freude und Dankbarkeit,
aber auch Schmerz und Wut. Kinder äußern ihre Bedürfnisse oft ohne Zurückhaltung. Wir haben als Erwachsene
manchmal den Kontakt zu unseren eigentlichen Bedürfnissen verloren. Das birgt einiges an Konfliktstoff, auch
für Gemeinden.

Gerade aufgrund dieser Bibelstelle frage ich manchmal: Was können wir von anderen Generationen, von

Kindern, Jugendlichen, jungen Erwachsenen, Erwachsenen, Senioren und sehr alten Menschen lernen?

»…Sondern in Demut schätze einer den andern höher ein als sich selbst. Jeder achte nicht nur auf das eigene Wohl, sondern auch auf das der anderen« (Philipper 2,3-4). Paulus ermahnt die Gemeinde intensiv zur Einheit. Die Mitglieder sollen sich nicht auseinanderdividieren lassen.

Die demütige Haltung, dass einer den anderen höher achten soll als sich selbst, steht im Dienst der Einigkeit. Auf das eigene Wohl achten *und* auf das der anderen, das macht Einigkeit möglich! Wo jeder nur sich selbst sieht, wächst Uneinigkeit. Die Bedürfnisse der anderen auch mit in den Blick zu nehmen, schafft hingegen Beziehung.

Nach den obigen Versen stimmt Paulus ein Lied an: Er singt von dem, der der Höchste ist und doch sich selber kleinmacht. Dieses Christuslied soll uns dazu bewegen, mit einzustimmen und es ihm gleichzutun: den anderen in den Blick zu nehmen.

Christus hat dieses neue Denken und Handeln für uns erst möglich gemacht: Wir sollen nicht nur auf das Unsere achten, sondern auch auf das, was die anderen betrifft. Und es ist mutig, sich mit seinen eigenen Bedürfnissen in die Hände der anderen zu begeben und damit letztlich in die Hände Gottes.

Hast du eine Empfehlung für Gemeinden und Gemeinschaften, in denen mehrere Generationen zusammen leben oder auch zusammen arbeiten?

Nach Marshall Rosenberg, der das Konzept der »Gewalt-
freien Kommunikation« entwickelt hat, liegen zwischen-
menschlichen Konflikten unbefriedigte Bedürfnisse
zugrunde. Eine gute Möglichkeit, mit Differenzen produktiv umzugehen, ist es, die Bedürfnisse aller wahrzunehmen und auf sie einzugehen.

Das heißt nicht, dass jedes Bedürfnis erfüllt werden
kann – vor allem nicht, wenn sich Interessen konträr
entgegenstehen (Bewegungsdrang kleiner Kinder und
der Wunsch nach Stille im Gottesdienst). Aber es ist viel
gewonnen, wenn Bedürfnisse geäußert werden können
und alle gemeinsam nach einer Lösung suchen.

**Vielen Dank für diese vielschichtigen Ausführungen und
wertvollen Impulse!**

Wie die Generationen miteinander und voneinander lernen können, kann gut in Situationen erfahren werden, die lebensnah
sind und Erfolge relativ schnell erkennbar machen. Ich habe zum
Beispiel sehr viel über den Umgang mit Computer und Internet
von meinem Schwiegersohn gelernt und dabei auch noch einmal
selbst erlebt, was Lernen ausmacht: Auch bei großer Motivation
müssen Schwierigkeiten überwunden werden. Es muss Einsicht
in Lösungswege entwickelt und das Gelernte durch wiederholtes
Tun gefestigt werden. Wie gut, wenn das in einem stimmigen Miteinander der Generationen geschehen kann.

TEIL 2

WIR

Generationenübergreifend handeln mit Herz und Hand

»DAS GLÜCK IST DAS EINZIGE, DAS SICH VERDOPPELT, WENN MAN ES TEILT.«

ALBERT SCHWEITZER

1 STEP BY STEP

Generationenübergreifend handeln, braucht:
Bedacht und Tatkraft. Initiative und Gelassenheit.
Kreativität und Nachhaltigkeit.

Große Schritte – kleine Schritte

Mit Siebenmeilenstiefeln unterwegs zu sein auf dem Weg, das Miteinander der Generationen zu gestalten, hieße, mit Riesenschritten vorankommen zu wollen, wie im Märchen. Das mag wünschenswert sein. Aber ob das möglich und auch sinnvoll ist, bleibt fraglich. Wichtiges könnte am Wegesrand übersehen oder vielleicht sogar niedergetrampelt werden.

Schritt für Schritt Wege zu erkunden und sie mit Bedacht zu beschreiten, ist wohl hilfreicher. Und auch realistischer.

Wer sich in kleinen Schritten, step by step, auf den Weg macht, braucht den Willen – das innere Bedürfnis – zur Tat und auch die realen Umsetzungsmöglichkeiten. »Wollen und Vollbringen«, wie es im Lutherdeutsch heißt, gehören also zusammen. Diese Erfahrung machen auch Gemeinden und Gemeinschaften, die das Miteinander der Generationen stärken wollen und sich dafür Hilfe suchen.

Einfache praktische Übungen können dabei erste Aha-Erlebnisse bescheren. Gruppen und Gemeinschaften mit mehreren Generationen in unterschiedlichen Lebenssituationen können auf diese Weise sogar sehr weit vorankommen.

Die »Ein-Schritt-voran-Methode«

Ein Beispiel ist die sogenannte »Ein-Schritt-voran-Methode«. Dabei ziehen alle Teilnehmenden ein Blatt Papier, auf dem eine bestimmte Rolle beschrieben wird. Alle machen sich zunächst allein damit vertraut, versuchen, sich in die Lage der beschriebenen Person zu versetzen, und machen sich anhand einiger Fragen Gedanken dazu.

Variante 1

In einem ersten Zuschnitt verhilft die »Ein-Schritt-voran-Methode« ganz individuell zu mehr Offenheit für die anderen Generationen, für die Menschen in ihren jeweiligen Lebensphasen und Lebenssituationen.

Folgende Rollen können vorkommen oder auch durch andere Beispiele ergänzt oder ersetzt werden:

- Ich bin ein 35-jähriger Mann und bin zurzeit in Elternzeit, versorge Kinder und Haushalt und halte mich auf dem Laufenden für meinen beruflichen Wiedereinstieg.
- Ich bin eine 51-jährige Frau, bin Single, habe keine Kinder und bin Abteilungsleiterin in einer großen Marketingagentur. In meiner Kirchengemeinde gehöre ich zum Leitungskreis.
- Ich bin ein 11-jähriger Junge und spiele am liebsten Fußball. Durch den Wechsel in die weiterführende Schule habe ich Freunde verloren, aber auch neue Kontakte geknüpft. Die neue Frau meines Vaters muss ich erst noch kennenlernen. Meine Großeltern leben in einer anderen Stadt.
- Ich bin ein 91-jähriger, alleinstehender Mann, habe an der Uni gelehrt und nach meiner Pensionierung ein Buch über mein Leben geschrieben. Meine Sehkraft wird zunehmend schwä-

cher. Viele meiner Freunde sind schon gestorben. Ich lebe bei meiner Tochter in einer kleinen Einliegerwohnung.

- Ich bin eine 26-jährige Arzthelferin und lebe in einer Wohngemeinschaft mit einer Freundin, die bald heiraten wird. Die Mitarbeit im Kindergottesdienst meiner Kirchengemeinde macht mir viel Freude. Ich wäre auch gern Erzieherin oder Sozialpädagogin geworden.

- Ich bin ein 66-jähriger Mann, stehe am Anfang meiner nachberuflichen Lebensphase und möchte nun gern viel reisen. Meine gleichaltrige Frau ist vor einem Jahr in Rente gegangen und hat eine ehrenamtliche Aufgabe gefunden, die ihr und anderen guttut und sie zeitlich bindet.

- Ich bin eine 19-jährige Frau. Für meine Ausbildung nach dem Abitur bin ich in eine von meinem Elternhaus 60 Kilometer entfernte Stadt gezogen und lebe dort allein in einer kleinen Wohnung.

- Ich bin ein 75-jähriger Mann, bin noch recht fit und auch kontaktfreudig. Meine Frau ist an Parkinson erkrankt und wird zunehmend hilfebedürftiger.

- Ich bin ein 30-jähriger Mann und habe mein Studium erfolgreich abgeschlossen. Trotz vieler Bewerbungen habe ich keine Arbeitsstelle gefunden und fahre nun Taxi. Ich lebe mit meiner langjährigen Freundin zusammen, die an Familienplanung interessiert wäre.

Da die Rollen nach dem Zufallsprinzip ausgegeben werden, ist es für die Beteiligten nicht immer leicht, sich in die Lebenssituation der betreffenden Person hineinzuversetzen. Aber gerade das hilft, generationenübergreifend weiterzukommen.

Anregungen zum Nachdenken über die jeweilige Lebenssituation könnten folgendermaßen lauten:

- Wie sieht deine Lebenssituation aus? Arbeitest du?
- Welche Beziehungen hast du? Wie ist die Beziehung zu deiner Familie? Hast du Beziehungen zu anderen Generationen?
- Welche Rolle spielen Erkrankungen und Einschränkungen?
- Wie geht es dir in deiner jetzigen Lebenssituation?

Nachdem alle genug Zeit hatten, sich in die jeweilige Rolle hineinzudenken, stellen sie sich in einer Reihe nebeneinander auf. (Es braucht für diese Übung einen Raum, in dem genügend Platz vorhanden ist.) Dann werden Fragen gestellt, die der jeweiligen Rolle gemäß beantwortet werden müssen.

Wer die Frage mit Ja beantworten kann, geht einen Schritt nach vorn. Dabei kennen die Beteiligten jeweils nur ihre eigene Rolle. Erst gegen Ende werden die Positionen und Rollen der einzelnen Personen für alle erklärt. Und darüber kommen sie dann schnell ins Gespräch.

Impulse, die die Beteiligten dazu veranlassen, bei Ja einen Schritt nach vorn zu gehen, könnten sein:

- Deine Lebenssituation entspricht deinen Erwartungen von einem glücklichen Leben.
- Dein Umfeld akzeptiert, wie und wo du lebst.
- Du bist mit dem, was dir an finanziellen Mitteln zur Verfügung steht, zufrieden.
- Du benötigst keine Unterstützung durch Dritte, um deinen Alltag zu bewältigen.
- Du bist mit den Angeboten für Kinder, Jugendliche oder ältere Menschen an deinem Wohnort zufrieden.
- Du hast deinen Nachlass und alle Vollmachten geklärt, für den Fall, dass dir etwas zustößt.
- Wenn du an die Zukunft denkst, geht es dir gut.

Durch diese oder ähnliche Anregungen ermöglicht die »Ein-Schritt-voran-Methode« ein Kennenlernen und Warmwerden mit einer konkreten Lebenssituation eines Menschen aus einer anderen Generation.

Variante 2

Ein nächster Schritt sollte sein, eine ähnliche Übung durchzuführen, in der es dann aber um Handlungen im Generationengefüge geht und nicht nur um die individuelle Lebenssituation Einzelner.

Auch dazu einige Beispiele, die zunächst wieder zur persönlichen Reflexion und Stellungnahme und später zum Gespräch anregen können:

- Eine 52-jährige Frau arbeitet nach Jahren der Kinderzeit wieder in ihrem Beruf. Nun hatte ihre 80-jährige Mutter einen Schlaganfall und wird für nicht absehbare Zeit pflegedürftig sein. Beide wohnen im selben Ort. Wie geht die Frau mit der Situation um?
- Ein Mann Anfang 30 lebt in einem Mehrfamilienhaus, in dem Familien mit kleinen Kindern und auch ältere Alleinstehende wohnen. Die Nachbarin ist gestürzt und hat sich ein Bein gebrochen. Nach kurzem Krankenhausaufenthalt ist sie nun wieder in ihrer Wohnung, aber nur sehr eingeschränkt mobil. Wie verhält er sich?
- Eine 65-jährige Frau und ihr Mann leben mit ihrer Tochter und deren achtjährigem Kind zusammen. Seit einem Jahr sind sie nicht mehr berufstätig und machen Pläne. Nun hat die Tochter die Möglichkeit, einen Karrieresprung zu machen, was ihr weniger Zeit für ihr Kind ließe. Wie reagieren die Großeltern?
- Ein 22-jähriger Mann spielt in seiner Kirchengemeinde in einer Band und bringt neues Liedgut in die Gemeinde ein. Mehrere ältere Gemeindemitglieder treten mit dem Wunsch an ihn

heran, auch Choräle und anderes traditionelles Liedgut in den Gottesdienst einzubringen. Wie geht der junge Mann damit um?

- Eine 34-jährige Frau, verheiratet, zwei Kinder, überlegt gemeinsam mit ihrem Mann, in eine größere Wohnung zu ziehen oder ein Haus zu bauen. Die Schwiegereltern wollen sich ebenfalls wohnlich verändern. Sie schlagen vor, nach einer gemeinsamen Lösung zu suchen. Welche Lösung favorisiert die Frau?

Im Gespräch wird sich schnell herausstellen, wie unterschiedlich die Positionen sein können – zum Beispiel hinsichtlich der letztgenannten Situation: Der eine sieht Vorteile darin, mit den Schwiegereltern zusammenzuziehen. Gemeinsam können die finanziellen Hürden eines Hausbaus leichter überwunden werden. Die Großeltern sind immer verfügbar. Und wenn sie mal Hilfe brauchen, fallen lange Anfahrten weg.

Andere möchten die bisher gute Beziehung nicht gefährden: Sie befürchten, die Eltern könnten sich in die Erziehung einmischen, oder haben Sorge, der Situation nicht gewachsen zu sein, wenn die alten Eltern pflegebedürftig werden. Das könnte sie physisch und psychisch überfordern, meinen sie.

Auch die Situation des Großelternpaares in der nachberuflichen Lebensphase mit Tochter und Enkelkind kann verschieden gedeutet werden. Die Frage, wer oder was Priorität hat, kann ebenfalls zu gegensätzlichen Antworten führen. Das Paar steht ja in der Spannung und auch in der Verantwortung, Fürsorge zu übernehmen, ohne sich selbst dabei zu vernachlässigen.

Die große Aufgabe, sich in Generativität zu üben, kann in der Praxis sehr herausfordernd sein. Und wenn dann innerhalb einer

Familie die einzelnen Personen verschiedene Lösungen anstreben, kann es kompliziert werden.

Selbst die Frage, wer hilft wem in einem Mehrfamilienhaus, in dem die Bewohner sich bestenfalls oberflächlich kennen, findet unterschiedliche Antworten: Da gibt es Jüngere, die bringen der Älteren, die gestürzt ist, für einen überschaubaren Zeitraum gern etwas aus dem Supermarkt mit. Und umgekehrt sind es auch manchmal Ältere, die jungen Eltern mit kleinen Kindern ganz praktisch zu Hilfe kommen. Und wieder andere halten sich lieber aus allem heraus.

Die Beispiele und Alternativen ließen sich beliebig fortsetzen. Sie helfen, den Horizont zu weiten und sich selbst zu positionieren. Aber sie bleiben natürlich Beispiele, die nicht zu Verallgemeinerungen führen sollen.

Wegekarten

Schritte zur Klärung und Belebung des Miteinanders der Generationen können auch mithilfe verschiedener Medien gegangen werden, die Wege, Landschaften und Orte symbolisch aufgreifen.

Landkarte der Befindlichkeiten
Die Landkarte der Befindlichkeiten stellt eine fantasievoll gemalte Landschaft dar mit vielen symbolischen Stationen: Es gibt einen Hügel mit schönem Ausblick und in der Ferne unbekanntes Land. Einen Sonnenplatz und eine Kletterwand. Weggabelungen und gefährliche Stellen. Eine Liegewiese und eine Höhle. Eine Gratwanderung und einen Pilgerweg. Das Jammertal und einen Spielstrand. Ein See lädt zum Sprung ins kalte Wasser ein, und es gibt den Wald, den man vor lauter Bäumen nicht sieht. Es gibt eine Infotafel, eine Durststrecke, eine Schutzhütte, Ödnis und vieles mehr.

Eine solche Karte eignet sich für die persönliche Reflexion und vor allem auch als Einstieg in ein Gruppengespräch mit mehreren Generationen:

- Wo befinde ich mich zurzeit? Und wo sehe ich die Generationengemeinschaft verortet?
- Denke ich dabei an eine konkrete Situation?
- Habe ich es zum Beispiel als Sprung ins kalte Wasser empfunden, als ich eine Begegnung hatte mit Menschen aus einer oder mehreren anderen Generationen? War das für mich erfrischend? Oder abschreckend?
- Stehen wir als Generationengemeinschaft vielleicht zurzeit an einer Weggabelung? Wollen wir getrennte Wege weitergehen? Oder auf demselben Weg bleiben? Hintereinander oder nebeneinander?
- Haben wir uns vielleicht verirrt und müssen den Weg aus dem Dickicht heraus erst suchen?
- Nutzen wir Infotafeln am Wegesrand? Nehmen wir Beratung und Hilfestellungen in Anspruch?
- Befinden wir uns etwa in einer Sackgasse?

So kann leicht ein Stimmungsbild entstehen und es kann weiterüberlegt werden: Welche Schritte sind sinnvoll?

Eine Generationengemeinschaft, die meint, sich in einer Sackgasse zu befinden, weil sie in einen Konflikt geraten ist, kann zum Beispiel versuchen, dem Konflikt auf den Grund zu gehen. Anhand der Landkarte könnte der Weg, wie es dazu kam, zurückverfolgt werden. Ob es etwa Hindernisse oder Durststrecken gab. Sie zu benennen, kann ein Schritt sein, der auf Lösungsmöglichkeiten hinweist.

Auch als positiv empfundene Situationen können mit dieser Methode vorsichtig hinterfragt und letztlich noch verbessert werden: Warum ist es so angenehm auf dem Hügel mit der schönen

Aussicht? Schaue ich eher aus der Ferne auf die anderen Generationen herab? Wohlwollend, aber unbeteiligt? Welche Schritte muss ich gehen, um mittendrin dabei zu sein? Will ich das?

Die Landkarte der Befindlichkeiten ist für erste und auch für weiterführende Schritte gut geeignet. Sie kann auf einem DIN-A2-Bogen selbst erstellt oder auch käuflich erworben werden.

Seekarte der Befindlichkeiten

Eine Variante dazu stellt die Seekarte der Befindlichkeiten dar. Sie gleicht in Gestaltung und Anwendung der Landkarte und fordert doch noch konkreter zur Positionierung und Interpretation auf.

- Wo sehen sich die Generationen? Gemeinsam? Getrennt?
- Am Strand oder auf hoher See?
- Was teilen sie einander mit? Ist das Seemannsgarn? Oder sind es Navigationshilfen?
- Wer baut am Strand ein Schloss aus Sand, das mit der nächsten Welle weggespült wird?

Kartensets mit Wegekarten

Auch Karten mit Wegebildern bieten die Möglichkeit, Gefühle, Situationen, Prozesse und Perspektiven darzustellen, und können somit zu aufschlussreichen Gesprächen anregen:

- Endet der Weg an einem Abgrund?
- Führt er durch einen langen, dunklen Tunnel? Mündet er in einen Kreisverkehr?
- Ist er gesäumt von hohen Bäumen, wie eine prächtige Allee?
- Sind die vielen Wegweiser verwirrend oder zielführend?

Wichtig ist, über die Metapher hinaus ins Gespräch zu kommen – über Möglichkeiten, Schwierigkeiten, Erwartungen und Entdeckungen, die sich die Mitglieder der verschiedenen Generationen dabei bewusst machen. Das gelingt bei den Wege-, Land- und Seekarten am besten bei einer Gruppengröße von zehn bis zwölf Personen.

Sinn und Effekt

Alle Aktionen, so kreativ und methodisch versiert sie auch aufbereitet sein mögen, sind kein Selbstzweck. Sie dürfen nicht als reine Unterhaltungs- oder Beschäftigungsmaßnahmen missverstanden werden. Sondern die Wege- und Landschaftskarten, wie auch die »Ein-Schritt-voran-Methode«, sollen letztlich zu wirklicher Verbundenheit beitragen.

STEP BY STEP ZUM GUTEN MITEINANDER DER GENERATIONEN – NICHT IN 7-MEILEN-STIEFELN!

Ein gutes Miteinander der Generationen breitet sich eher schleichend und latent aus, als dass es sich brachial Bahn bricht. Step by step – in kleinen Schritten geht der Weg voran! Doch auch so kann eine starke Wirkung erzielt werden. Erzwungen werden kann das gute Miteinander nicht. Aber mit Herz und Hand, zugewandt und engagiert kann es entfaltet werden.

———

Das ist ein wenig so wie bei der Geschichte, die erzählt, dass Sonne und Wind um die Macht über die Menschen stritten. Beide blickten auf einen Mann hinab. Der Wind behauptete schnell, binnen einer Minute würde er ihm Hut und Mantel entreißen. Und er legte kräftig los und pfiff und pfiff. Aber je kräftiger er blies, desto fester drückte der Mann den Mantel an sich und hielt den Hut fest. Schließlich gab der Wind auf.

Als die Sonne an der Reihe war, begann sie, freundlich zu lächeln, und sandte ihre warmen Strahlen auf die Erde hinab. Bald war es richtig warm. Da zog der Mann von sich aus Hut und Mantel aus.

Diese Geschichte nach einer Fabel von Aesop zeigt: Wo etwas mit Macht oder gar Gewalt durchgesetzt werden soll, wird meistens genau das Gegenteil erreicht. Da bleiben die Herzen verschlossen. Wärme, Freundlichkeit und Zugewandtheit aber öffnen Herzen und Sinne. Und es wächst die Bereitschaft zur Veränderung. So können sogar »alte Hüte« abgelegt werden. Und oft geschieht das mit Erstaunen und es folgt darauf Freude.

Es ist letztlich der virale Effekt, der eine starke Wirkung erzeugt. Wenn sich eine Idee oder ein einzelnes Ereignis, das die Generationen zusammengeführt hat, als gutes Beispiel weiter und weiter verbreitet, geschieht das oft durch Mund-zu-Mund-Propaganda. Auch Mails und Links, die weitergeleitet werden, lösen Reaktionen aus. So bekommt die gelingende Generationengemeinschaft in einer Gruppe oder Gemeinde Strahlkraft.

Manchmal geschieht das im ersten Schritt sogar unbeabsichtigt. Die Wirkung ist aber ähnlich wie bei einem Virus: Schnell und effektiv breitet sich die Nachricht aus. Wenn das Engagement einer kleinen Gruppe oder Gemeinde auf diese Weise bekannt wird, kann dies eine stärkere Wirkung haben als eine groß angelegte Kampagne.

Damit ein solcher Effekt überhaupt einsetzen kann, braucht es jedoch einen Auslöser. Eine gemeinsame Aktion mehrerer Generationen kann ein solcher Anstoß sein. Und dann läuft die Verbreitung vielleicht wie von selbst.

Die Bibel findet dafür den Vergleich mit dem Sauerteig. Anschaulich heißt es da, dass eine Hand voll davon – unter einen halben Sack Mehl gemischt – genüge, damit am Ende die ganze Masse durchsäuert ist (vgl. Matthäus 13,33). Ein scheinbar geringfügiger Vorgang kann für die Gesamtheit von großer Wichtigkeit sein und tatsächlich alles verändern.

Die Generationengemeinschaft übergreifend zu gestalten, fängt also klein an, mit einzelnen Schritten, ganz konkret. Sie sollen Wirkung zeigen, und dann können weitere Schritte folgen – step by step.

Starten

Eine Kirchengemeinde hat sich zum Beispiel auf einer Wochenendfreizeit mit dem Thema befasst: »Was können wir denn in der Praxis zur Verbesserung des Miteinanders der Generationen tun?«. Sie haben die Angebote ihrer Gemeinde reflektiert und auch über ihre Gottesdienste nachgedacht.

Viel Raum nahm dabei die Frage ein, zu welcher Uhrzeit der Gottesdienst stattfinden sollte. Etliche wünschten sich eine spätere Anfangszeit. Einige wollten, dass der Gottesdienst auf den Nachmittag verlegt wird. Dabei favorisierten die einen den frühen, andere den späten Nachmittag. Wieder andere fanden die bewährte Zeit, um zehn Uhr, nach wie vor genau richtig.

Den größten Zuspruch fand schließlich die Lösung, künftig eine Stunde später, nämlich um elf Uhr, zu beginnen. Und auch die, die zunächst für früher oder später waren, konnten sich damit anfreunden.

Die Gemeinde änderte die Anfangszeit des Gottesdienstes auch mit dem Ziel, nach außen hin noch einladender zu wirken. Es war ein erster kleiner Schritt, dem zu gegebener Zeit weitere folgen sollten. Doch es war ein Anfang, um die Bedürfnisse und Möglichkeiten aller Generationen zu berücksichtigen.

Dieses Beispiel kann ein Anreiz sein, Schritte zu wagen und Veränderungen nicht zu scheuen. So bleiben die Generationen nicht nur beieinander, sondern sind auch motiviert, gemeinsam etwas zu erreichen. Dabei müssen Ideen und Lösungen natürlich immer zu den jeweiligen Menschen und ihren Situationen passen. Nicht für alle Gemeinden muss es gut sein, dass der Gottesdienst um elf Uhr beginnt. Aber alle sollten bereit sein, erste kleine Schritte zu wagen.

STOLPERSTEIN KOMMUNIKATION

Generationenübergreifend handeln, braucht:
Eine gute Kommunikationskultur. Miteinander reden.
Hinhören, zuhören, verstehen. Die Fähigkeit, Worte,
Gesten und Mimik zu deuten. Beziehung und Inhalt
zu unterscheiden. Schweigen zur rechten Zeit.

Alles beginnt mit der Kommunikation

Mit dem, was wir einander mitteilen, und durch die Art und Weise, wie wir uns verständigen, können wir uns gegenseitig Steine in den Weg legen, aber auch Steine ausräumen. Das gilt besonders für Menschen aus verschiedenen Generationen. Echte Kommunikation wird erst durch gegenseitiges Verstehen möglich.

»Die Musik war heute laut!«, sagte eine 75-Jährige nach dem Gottesdienst. Das hörte der 19-Jährige aus der Jugendband. Ein Satz, fünf Wörter! Sie können zum Stolperstein zwischen den Generationen werden. Ja, Worte haben Macht. Sie können aufbauen und zerstören, trösten und verurteilen.

Die Macht der Zunge

Auf die Macht unserer Worte weist schon die Spruchsammlung des Alten Testamentes hin, die auf den weisen König Salomo zurückgehen soll. Bildhaft heißt es da, dass die Worte weiser Menschen Heilung bringen können, wer aber unvorsichtig mit seiner Zunge umgehe, könne wie mit einem Schwert verletzen (vgl. Sprüche 12,18).

Auch im Neuen Testament, im Jakobusbrief, kommt diesem kleinen Organ und wofür es steht große Bedeutung zu. Die Zunge könne sich rühmen, große Dinge zu vollbringen, heißt es dort. Sogar mit Feuer wird sie verglichen, und der Apostel erklärt, dass ein Funke genügt, um einen ganzen Wald in Brand zu setzen (vgl. Jakobus 3,1-12). So wird auf die zerstörerische Kraft unserer Worte verwiesen, und wir werden gemahnt, achtsam zu sein.

———

Eine Geschichte aus Kuba illustriert dies ebenfalls sehr anschaulich. Sie erzählt von einem König, der die Herrschaft über sein Reich in die Hände eines Jüngeren legen wollte. Da er ihn vorher aber noch auf die Probe stellen wollte, bat er ihn, die beste Speise zu bereiten, die er kenne.

Daraufhin ging der junge Mann auf den Markt und kaufte eine Rindszunge. Er kochte und würzte sie und brachte sie dann dem Herrscher. Als dieser die Zunge gekostet hatte, war er zufrieden. Aber er wollte gern wissen, warum die Wahl ausgerechnet auf eine Zunge gefallen war.

Der junge Mann stellte nun die Zunge als eine sehr wichtige Sache dar, mit der man eine gute Arbeit loben, jemandem danken, gute Nachrichten verkünden und die Menschen auf den rechten Weg führen könne. Und er fügte lächelnd hinzu, dass mit der Zunge sogar ein Mensch zum Herrscher gemacht werden könne.

Das beeindruckte den König. Doch er entschloss sich zu einer weiteren Prüfung und bat nun darum, dass der Prüfling ihm die schlechteste Speise bereite solle, die er sich ausdenken könne.

Wieder ging der junge Mann auf den Markt und nach einer Weile kaufte er wieder eine Rindszunge. Wie beim vorigen Mal kochte und würzte er sie und brachte sie dem Herrscher.

Der wunderte sich, dass die Zunge zuerst die beste und nun die schlechteste Sache der Welt sein sollte, und fragte nach dem Grund.

Und wieder stellte der junge Mann die Zunge als eine sehr wichtige Sache dar. Dieses Mal erläuterte er, dass man mit der Zunge Menschen zur Arbeit antreiben, ihren guten Ruf vernichten, sie ins Verderben stoßen und um ihren Lebensunterhalt bringen könne. Mit der Zunge könne man die Heimat verraten und ein Volk in Knechtschaft stürzen, ergänzte er.

Als der König das hörte, legte er die Herrschaft über sein Reich in seine Hände.

Vier Seiten einer Nachricht

Ob Kommunikation gelingt oder ob sie die Beziehungen zwischen den Generationen strapaziert, hat allerdings nicht nur mit der »Zunge« zu tun. Die Worte allein sind noch nicht ausschlaggebend. Denn die, die sie aussprechen, sind ja mit ihrer ganzen Persönlichkeit beteiligt.

Das können auch die 75-Jährige und der 19-Jährige nach dem Gottesdienst erleben. Wird die »laute Musik« für sie zum Stolperstein oder gar zum Zankapfel? Oder können sie sich verständigen?

Um erfolgreich miteinander kommunizieren zu können, müssen sie sich aufeinander einlassen und zunächst sich selbst fragen: »Was sage ich da und warum?« Und: »Was höre ich heraus und warum?«

ERFOLGREICHE KOMMUNIKATION HEISST, SICH AUFEINANDER EINZULASSEN.

Das Kommunikationsmodell von Friedemann Schulz von Thun gibt dazu vier hilfreiche Anhaltspunkte für beide Beteiligten. Für die, die spricht, und für den, der hört. Für Sender und Empfänger.

»Die Musik war heute laut!« Was könnte der 19-jährige Band-leader aus dieser Aussage heraushören?

- Möchte sie wissen, wie viel Dezibel es wohl waren?
- Oder hört er, dass die ältere Dame etwas über ihr persönliches Empfinden, ihren Geschmack oder auch ihr Hörvermögen sagt?
- Oder aber hört er einen Appell: »Spielt demnächst gefälligst leiser!«?
- Er könnte aber auch heraushören: »Sie ist sauer wegen unserer Art, Musik zu machen«, und seine bis dahin ungetrübte Beziehung zu dieser älteren Dame kriegt einen Knacks.

Jede Nachricht hat vier Seiten. Hört der junge Mann den Sach-inhalt, eine Selbstkundgabe, einen Appell oder einen Beziehungs-hinweis?

Auch die ältere Dame sollte reflektieren: Was überwiegt?

- Das Empfinden?
- Der Ärger über sich selbst – darüber, mit dem Hörgerät noch nicht richtig umgehen zu können?
- Oder ist es der Wunsch, andere Musik solle im Gottesdienst gespielt werden?
- Und wie steht sie überhaupt zu dem jungen Mann, den sie schon seit seiner Kindheit kennt?

Leicht kann passieren, was der Schriftsteller Kurt Tucholsky so beschrieb: »Wie sprechen Menschen mit Menschen?«, und dabei die Antwort gleich mitlieferte: »Aneinander vorbei!«

Damit das zwischen den Generationen nicht oder immer weni-ger geschieht, ist es gut, sich immer wieder bewusst zu machen, dass jeder Mensch auf seine eigene Art und Weise redet, hört und versteht.

Die nonverbale Kommunikation

Kommunikation ist allerdings viel mehr als Reden, Hören und Verstehen. Denn unsere Worte machen nur einen geringen Teil unserer Kommunikation aus – nach Albert Mehrabian[8] sind es nur sieben Prozent. Unser Tonfall dagegen macht achtunddreißig Prozent aus und unsere Körpersprache hat mit fünfundfünfzig Prozent den größten Anteil. Auch wenn sich das je nach Situation verschieben mag, so wird doch deutlich: Die nonverbale Kommunikation erzielt eine sehr starke Wirkung.[9]

Wie wir stehen oder gehen, ob wir mit den Füßen wippen, lächeln oder die Stirn kraus ziehen, ob wir gestikulieren, Arme oder Beine verschränken – mit allem geben wir etwas von uns preis und beleben dadurch den Kommunikationsprozess. Wenn die Kommunikation gelingt, so hat oft die Köpersprache viel dazu beigetragen. Um umgekehrt leider ebenso.

Ein Wunsch oder auch ein Appell, der mit einem Lächeln vorgebracht wird, hat eine ganz andere Wirkung als eine gerunzelte Stirn. Dahinter könnte dann die angesprochene Person eine latente Aggression erahnen und das Gespräch ist schneller beendet als beabsichtigt. Verschränkte Arme oder Beine machen eher skeptisch, eine offene Körperhaltung hingegen erhöht die Chancen für ein gutes Miteinander.

Entspannte Bewegungen mit offenen Armen werden als positives Signal aufgenommen. Wer die Handflächen zeigt, signalisiert »Nichts bleibt verborgen!« und gilt als vertrauenswürdig. Sogar die Füße kommunizieren mit. Auf sie wird in der Kommunikation am wenigstens geachtet. Deshalb gelten sie als der ehrlichste Teil unseres Körpers. Wenn die Füße auf etwas oder jemand zeigen, so wird das gern als ein positives Signal gedeutet.

Viel mehr achten wir normalerweise auf Gestik und Mimik: Unsere Gesichtsmuskeln können unzählige verschiedene Gefühle ausdrücken, spontan oder auch kontrolliert. Das von einigen so favorisierte Pokerface wirkt oft aber eher verunsichernd und erzeugt Distanz bis hin zu Misstrauen. Für die Kommunikation zwischen den Generationen ist es deshalb nicht zu bevorzugen. Auch eine angeekelt gerümpfte Nase und abschätzig hochgezogene Augenbrauen sind wenig förderlich. Ja, unsere Mimik kann starke Gefühle transportieren.

Wenn also ein Jüngerer einer Älteren eine Idee erzählt, von der er möchte, dass sie sich dafür erwärmt, dann erhöht eine offene Körperhaltung die Chancen deutlich! Und wenn er noch einen Schritt weiter gehen will, lehnt er sich nach vorne und wird etwas leiser, wenn er von seiner Idee redet. Das Gleiche gilt natürlich auch umgekehrt.

Auch auf das Auftreten widersprüchlicher Körpersignale ist zu achten. Denn manchmal sagen Mimik und Gestik und ein distanzierendes Zurückweichen des Körpers das Gegenteil von dem, was die gesprochenen Worte ausdrücken. Wer als Älterer einem Jüngeren vermitteln möchte: »Ich freue mich, dass wir gemeinsam an diesem Projekt arbeiten!«, sollte das auch durch eine entspannte Haltung und einen freundlichen Gesichtsausdruck zeigen.

Der Beziehungsaspekt

»Man kann nicht *nicht* kommunizieren!«, diagnostizierte der Kommunikationswissenschaftler Paul Watzlawick. Auch die ältere Dame und der junge Bandleader haben das erlebt. Wie hätte es weitergehen können mit den beiden?

Vorstellbar ist folgendes Szenario: Der junge Mann wendet den Kopf und schaut die ältere Dame über die Schulter an, fragend, möglicherweise mit hochgezogenen Augenbrauen. Die Frau nimmt wahr, dass er ihre Äußerung gehört hat.

Und nun muss sie sich entscheiden: Möchte sie sich erklären? Wenn ihr die Gemeinschaft mit dem jungen Mann weiterhin etwas bedeutet: Ja! Aber was signalisiert sie ihm, mehr oder weniger bewusst?

Ich stelle mir vor: Sie dreht sich lächelnd um und sagt: »Weißt du, ich probiere zurzeit ein Hörgerät aus und weiß nicht, ob es daran oder an der Aussteuerung des Mikros lag. Für mein Empfinden war es einfach ziemlich laut!« Mit dieser freundlichen Info signalisiert sie ihm: Ich, die Ältere, erkläre dir, dem Jüngeren, meine Situation und mein Empfinden. Ich nehme dich ernst!

Diese Offenheit könnte auf ihn entwaffnend wirken und ihn mutig nachhaken lassen: »Du hast nichts gegen unsere Band!?! Magst du unsere Musik?«

Und nun hätte sie Gelegenheit zu differenzieren. Sie könnte sagen, dass sie sich über das Engagement freut, dass ihr einige Lieder mehr, andere weniger gefallen und sie sich über manche Texte wundert. So bleibt sie authentisch. Und an diesem Punkt könnten die beiden in ein angeregtes Gespräch miteinander kommen, über Lieder und Texte, früher und heute. Sie könnten dabei Gemeinsamkeiten entdecken und Unterschiede akzeptieren.

Es hätte auch anders weitergehen können! Nämlich dann, wenn es nicht gelungen wäre, der Beziehung größere Bedeutung zu geben als dem Inhalt. Auch das hebt Watzlawick als bedeutsam für das Gelingen der Kommunikation hervor. Wesentlich ist, dass jede Kommunikation einen Inhalts- und einen Beziehungsaspekt hat, wobei der Beziehungsaspekt bestimmend ist.

Aktives Zuhören

Zur Verbesserung von Beziehungen trägt auf jeden Fall aktives Zuhören bei. Hören ist ja nicht gleich Hören! Aber wenn mir die

Person oder das Thema wirklich am Herzen liegt, dann will ich hin- und auch zuhören.

Dazu gehört auch, gerade im Miteinander der Generationen, selbst »einen Gang runterzuschalten«, Blickkontakt aufzunehmen und auch mal das Handy beiseitezulegen. Besser ist es, Fragen zu stellen und das Gegenüber ausreden zu lassen, als schnell eine eigene Geschichte parat zu haben. Vielredner sind ermüdend. Wer aber abwarten kann, wird erleben, dass sich dadurch Türen im Miteinander öffnen. Auf einmal wird etwas erzählt, was eigentlich gar nicht beabsichtigt war.

Eine besonders große Rolle spielt dabei Empathie. Sie hilft nachzuvollziehen, was das Gegenüber denkt oder fühlt, auch wenn dies sich vielleicht sehr stark von den eigenen Empfindungen und Ansichten unterscheidet.

Angemessen und gut zu kommunizieren, kann eingeübt werden. In generationenübergreifenden Gruppen, Gemeinden, Vereinen. Im kirchlichen und im kommunalen Bereich.

Übung: Betroffene werden zu Beratern

Eine Methode für besseres gegenseitiges Verständnis ist, unter vielen anderen, der Rollentausch. Er eignet sich besonders dann, wenn sich Positionen verfestigen und alle nur aus der eigenen Sicht heraus argumentieren. Voraussetzung für den Rollentausch ist jedoch, dass die Betreffenden Personen den Wunsch nach Verständigung und Klärung haben und tatsächlich Hilfe annehmen wollen.

Eine Moderatorin oder ein Coach wirken unterstützend und führen die Beteiligten in ein Setting, in dem die Betroffenen zu Beratern werden. Dabei müssen sich die Beteiligten in die jeweils andere Situation hineinfühlen und aus dieser Sicht heraus Argumente finden. Das hilft, einander besser zu verstehen und auch eigene Perspektiven zu überdenken. Manchmal führt das sogar dazu, eigene Positionen zu relativieren.

In zwei Gruppen wählen die Teilnehmenden zunächst ein Problem mittlerer Schwere. Es sollte eine Problemstellung sein, die alle kennen und ernst nehmen, die sie aber nicht akut betrifft oder emotional ergreift.

Beispiel Ernährung

Neben der Frage, welcher Musikstil bevorzugt wird, sind gerade im Bereich von Ernährung und Catering die Geschmäcker im doppelten Sinne unterschiedlich: Soll gegrillt werden oder ist Fingerfood angesagt? Würstchen oder Gemüsespieße? Steaks oder eine Spinatlasagne? Darüber können sich die unterschiedlichen Personen aufregen oder auch finden.

Zunächst müssen sie Gruppen bilden, z. B. die Fleischliebhaber und die Vegetarier. Jede Gruppe gibt dabei klar die eigene Position zu erkennen. Dann beraten die Gruppen getrennt und setzen sich mit den Gründen für die Gegenposition auseinander.

Die Vegetarier argumentieren also als Fleischliebhaber und umgekehrt. Die einen versuchen, die Position der anderen zu erklären und auch motivierende Formulierungen für deren Argumente zu finden. So kann es sein, dass die Fleischliebhaberin den Vitamingehalt des Gemüses hervorhebt. Und in der anderen Gruppe nennt der Vegetarier die wertvollen Mineralstoffe, die in Fleisch enthalten sind. Er betont zum Beispiel die Bedeutung von Eisen, das wichtig für die Blutbildung ist.

Möglicherweise müssen die Betroffenen, die zu Beratern geworden sind, zu diesem Zweck sogar recherchieren und kommen dabei zu erstaunlichen Ergebnissen.

Wenn beide Gruppen wieder zusammenkommen, machen sie sich gegenseitig Lösungsvorschläge. Dabei kann deutlich werden, ob bzw. inwieweit sie die andere Position verstanden haben. Die Beteiligten verbleiben bis zum Ende des Settings in den eingenommenen Rollen.

Wichtig ist, dieses Experiment als praktisches Beispiel und Rollenspiel zu sehen und es als solches auch zu Ende zu führen. So kann diese Methode zu gegenseitiger Offenheit beitragen und zum Einfühlen in die Gegenposition anregen. Aber vielleicht werden beim nächsten Nachbarschaftsfest oder Gemeindefest tatsächlich sowohl Fleisch- als auch Gemüsespieße gegrillt!

MITEINANDER ZU REDEN, HILFT, STOLPERSTEINE BEISEITEZUSCHAFFEN.

Miteinander zu reden, hilft, Stolpersteine im Miteinander beiseitezuschaffen. Und wenn sich zwei Seiten mit konträren Sichtweisen gegenüberstehen und die Positionen sich immer mehr verhärten, so ist Vermittlung oft sehr hilfreich.

Kommunikation nutzen und pflegen

Das angeeignete Wissen sollte im Alltag umgesetzt werden. Kommunizieren und miteinander etwas zu erleben, gehören zusammen. So entstehen dann auch keine Stolpersteine. Annika Hering hat davon berichtet, wie bedeutsam es für den Zusammenhalt ihrer Mehrgenerationenfamilie ist, dass sie als Jüngere mit allen reden kann. Besonders Großmutter Gabi und auch ihre Eltern haben immer ein offenes Ohr für sie.

Und wenn Kinder erwachsen, Enkelkinder größer, die Wege weiter werden, dann ist es gut, Möglichkeiten zu finden, wie die Kommunikation auch unter veränderten Voraussetzungen gepflegt werden kann. Auch über die schnelle und durchaus nette Kommunikation per Kurznachrichtendienst hinaus braucht es Auge-in-Auge-Gesprächsmöglichkeiten.

Beim Shoppen mit meiner ältesten Enkeltochter und vor allem beim anschließenden Nudel- oder Eisessen kommen wir beide uns dann wieder näher und erzählen einander eine Menge – nicht alles, aber viel.

Schweigen

Auch Schweigen ist Kommunikation. Denn durch Schweigen werden nonverbale Signale ausgesandt. Schweigen kann Zustimmung, Unentschlossenheit oder auch Ablehnung signalisieren. Es kann Vertrauen schaffen oder aber zu Abgrenzung und Isolation führen.

Im Miteinander der Generationen kann Schweigen dann hilfreich sein, wenn damit innere Großzügigkeit verbunden ist und nicht auf der eigenen Position beharrt wird. Es kann jedoch auch zu einem echten Stolperstein werden. Denn die nonverbalen Signale sind oft nicht so leicht zu deuten – erst recht, wenn die Betroffenen unterschiedlichen Generationen angehören. Deshalb ist es immer wieder gut, das Gespräch zu suchen.

Das geflügelte Wort »Reden ist Silber, Schweigen ist Gold« kann aus meiner Sicht nicht für alle Situationen des Miteinanders der Generationen gelten. Nicht immer, vielleicht sogar eher selten, ist Schweigen goldrichtig.

Aber es gibt natürlich Situationen, die Verschwiegenheit brauchen, und dann hat Schweigen durchaus seinen Wert. Es war mein Großvater, dem ich im Teeniealter als Erstem von meinem Freund erzählte, und er hat geschwiegen, verbal und nonverbal, bis ich mich selbst verplappert habe.

Schweigen ist wertvoll, Reden ist wertvoll, genauso wie empathische nonverbale Signale. Alles zu seiner Zeit.

SCHWEIGEN, REDEN, NONVERBALE SIGNALE – ALLES WERTVOLLE TOOLS, ZU SEINER ZEIT.

3 | VORHANG AUF

Generationenübergreifend handeln, braucht:
Neugier und Einfühlsamkeit. Flexibilität und Veränderungsbereitschaft. Klarheit und Unterscheidungsfähigkeit.

Auf der Bühne des Lebens

»Und fall nicht aus der Rolle!«, geben die Eltern der Sechzehnjährigen mit auf den Weg zur Party. Sie soll sich nicht ungewöhnlich
verhalten, meinen sie. Sie soll sich so verhalten, wie es ihrer Rolle
als Tochter aus einem ordentlichen Elternhaus entspricht. Dabei
würde sie doch so gern schon mal eine andere Rolle spielen und
die Bühne des Lebens als Erwachsenwerdende betreten!

Die Bühne des Lebens! Das Bild hilft zu verstehen: In jedem
Menschen wohnt eine ganze Reihe von Charakteren. Sie alle
suchen nach Möglichkeiten der Darstellung und wollen auf der
Bühne des Lebens auftreten. Manchmal stehen sie im Widerspruch
zueinander. Aber wir müssen lernen, mit ihnen umzugehen, weil
sie Teile der *einen* Persönlichkeit sind. Sie erleben und gestalten
die Komödien und Tragödien unseres Lebens mit.

Die Psychoanalytikerin Joyce McDougall nutzt das Bild der
Bühne in ihrem Buch »Theater der Seele«, um das Seelenleben zu
beschreiben. Die Metapher lässt sich aber auch gut auf die verschiedenen sozialen Rollen unseres Lebens übertragen. Denn Rollen
werden erlernt und gestaltet. Sie formen sich aus der Interaktion
mit anderen Menschen und deren Rollen. Unsere Entwicklung,
unsere Funktion, unser Beruf und unser Beziehungssystem bestimmen unsere Rollen maßgeblich mit. Aber anders als auf der Thea-
terbühne sind und bleiben unsere sozialen Rollen integrativer Teil
unserer Persönlichkeit.

Verwandeln – erproben – unterscheiden

Kinder schlüpfen gern in andere Rollen. Sie erproben dabei spiele-risch, wie es ist, in einer anderen Zeit oder an einem anderen Ort zu leben. Wie es ist, ganz stark, ganz alt oder ein Clown zu sein. Das hilft ihnen in ihrer Entwicklung.

Mir hat es schon als Kind Spaß gemacht, aus Stühlen und Decken eine Höhle zu bauen. Darin habe ich mich dann in ver-schiedene Märchengestalten verwandelt und verschiedene Beru-fe ausgeübt. Später haben meine Kinder mit ihren Freunden aus Polstern Höhlen gebaut und sind stundenlang in einer anderen Welt verschwunden.

Und mit denselben Polstern habe ich dann Jahre später mit meinen Enkeltöchtern wieder angefangen, Höhlen zu bauen. Bei diesen Gelegenheiten kam es oft zum Rollentausch: Mir wurde vorgelesen und etwas erklärt und ich durfte selbst noch einmal das widerspenstige Kind geben. Das macht uns zum Teil bis heute Spaß und hat durchaus auch manche Verhaltensweisen gespiegelt.

Was auf diese Weise latent angebahnt wird, braucht später aber auch eine bewusstere Unterscheidung. Die unterschiedlichen sozialen Rollen kennenzulernen und je nach Bedarf und Erwar-tungen in Distanz zu ihnen zu gehen, macht Sinn. Denn wenn das nicht geschieht, kann dies negative Auswirkungen auf die Bezie-hungen haben. Besonders die Beziehungen zwischen Angehörigen verschiedener Generationen können dadurch aus dem Gleichge-wicht geraten.

Spürbar wird das häufig leider in Konflikten. Wenn zum Bei-spiel der Vater in der Familie nicht als Papa auftritt, sondern in der Chefrolle, die er in seiner Firma innehat, dann sind Spannungen vorprogrammiert. Deshalb ist es hilfreich, die Rollen zu unterschei-den.

Die sozialen Rollen

Rollen haben immer auch mit anderen Personen und Systemen zu tun. Sie bilden im jeweiligen System den Rahmen und geben den Rolleninhabern selbst und auch anderen Orientierung.

In gewisser Hinsicht sind unsere Rollen mit unserer Kleidung zu vergleichen, die wir ja auch entsprechend wechseln. Zum Sport wird nicht dasselbe getragen wie auf einer Beerdigung oder auf einer Party. Manchmal müssen wir die Rollen bewusst wechseln, und deshalb ist es wichtig, sie zu kennen:

- *Entwicklungsrollen* sind biografisch geprägt. Sie werden erlernt als Bewältigung der Anforderungen eines bestimmten Lebensabschnittes. Besonders eindrücklich ist das in der Pubertät, wenn das eigene Selbstbild entwickelt wird. Auch die Rolle als Vater oder Mutter fliegt uns nicht einfach zu. Ich selbst habe mich auch erst in meine Rolle als Mutter hineinentwickelt und erlebe immer noch, wie sie sich verändert.
- *Professionelle Rollen* werden durch die Ausbildung geprägt, durch den Beruf und fachliche Kompetenz. Ich denke dabei zum Beispiel an eine junge Frau, die in ihrer Rolle als Naturwissenschaftlerin durch ihren analytischen Blick und ihre kognitiven Fähigkeiten besticht. In dieser Rolle geht es nicht in erster Linie um die Empathie, die ihr als Ehefrau, Schwester, Tante und Freundin zu eigen ist.
- *Funktionale Rollen* sind von ihren Aufgaben her bestimmt. Ihre Erfüllung wird erwartet, wenn jemand aus einer bestimmten Position heraus agiert. Das ist zum Beispiel bei Leitungsfunktionen oder auch Koordinationsaufgaben der Fall. Funktionale Rollen sind nicht mit professionellen Rollen zu verwechseln, haben aber etwas gemeinsam mit gruppendynamischen Rollen.

- *Gruppendynamische Rollen* sind Rollen, die in einem Beziehungssystem eingenommen werden, zum Beispiel die Rolle der Mitläufer oder der Außenseiter. Gern werden ihnen Buchstaben aus dem griechischen Alphabet zugeordnet: Die Anführerin steht für Alpha, der Experte wird mit Beta verbunden, und wenn eine Gegenposition da ist, so wird ihr gern der letzte Buchstabe, das Omega, zugeordnet.

Die, die die Gamma-Rolle einnehmen, sind die eigentlichen Gruppenmitglieder. Sie agieren, führen aus, bringen Ergebnisse. Sie fühlen sich der Alpha-Person verbunden, weil sie deren Ziele anerkennen. Wenn aber Alpha die Gruppe über- oder unterfordert, können Gammas auch zu Omega-Unterstützern werden. Der österreichische Psychoanalytiker Raoul Schindler (1923–2014) vertrat die Auffassung, dass sich Rollen in der Auseinandersetzung mit Gegenpositionen ausbilden.

Für die Generationengemeinschaft wäre Ausgewogenheit gut. Nur Alpha- und Omega-Rollen würden schaden.

Einklang der Rollen

Es ist oft gar nicht leicht, in angemessener Weise damit umzugehen, dass sich unsere Rollen im Laufe des Lebens verändern. Und vor allem damit, dass wir häufig mehrere Rollen gleichzeitig innehaben.

Um aber zufrieden und stimmig die Rollen des Lebens wahrzunehmen und zu reflektieren, brauchen wir Erfahrungen, die uns ganzheitlich ansprechen. Sie sollten uns fordern, aber auch erfreuen und so in Einklang mit uns selbst bringen.

Die Theaterpädagogin Thekla Neumann stellt ein interessantes Projekt vor, das sie selbst entwickelt hat. Sie ist 38 Jahre alt und lebt mit ihrem Mann und ihrer Tochter in Hannover. Sie ist Dipl.-Religions- und Sozialpädagogin sowie Spiel- und Theaterpädagogin. Mehrere Jahre arbeitete sie als Kinder- und Jugendreferentin in einer Gemeinde in der Nähe von Kassel und baute dort eine Theaterarbeit für Jugendliche in einem sozialen Brennpunkt auf. Seit fünf Jahren arbeitet sie als freiberufliche Theaterpädagogin.

Spielen heißt für sie, sich auf einen intensiven Prozess mit sich selbst, den anderen und einem Thema einzulassen. Warum und auf welche Weise Theaterspielen in der generationenübergreifenden Arbeit gewinnbringend sein kann, stellt sie anhand ihres Projektes »Den Segen weitergeben« dar. Besonders interessant daran ist, wie sich ihr Konzept von anderen Theaterprojekten unterscheidet und so bewirken kann, dass sich Persönlichkeiten in ihren Rollenbezügen weiterentwickeln.

Sie schildert dankenswerterweise auch, welche biografischen und familiären Bezüge mit dazu beigetragen haben, dass sie selbst diesen Weg eingeschlagen hat.

THEKLA NEUMANN ERZÄHLT VON IHREM GENERATIONENÜBERGREIFENDEN THEATERPROJEKT

Das Theaterprojekt »Den Segen weitergeben« startet mit einer intensiven Vorbereitungszeit.
Es beinhaltet eine persönlich-inhaltliche Auseinandersetzung mit den Themen Familie, Lebensweg, Glaubenserfahrung, Prägung, Rollen und Entscheidungen anhand der Jakobsgeschichte aus 1. Mose 25-35 und

anderer Bibelstellen. Die Beschäftigung mit den Themen erfolgt mithilfe theaterpädagogischer Methoden. Eine Gruppe von acht bis sechzehn Personen trifft sich in regelmäßigen Abständen zum Erarbeiten des Themas und zu den Theaterproben. Hierbei ist es explizit erwünscht, dass die Teilnehmenden verschiedenen Generationen angehören, meistens sind sie zwischen zehn und siebzig Jahre alt. Wir vereinbaren einen Projektzeitraum und legen ein mögliches Datum für eine Aufführung fest.

Während dieser Treffen starten wir mit einem Warmup: Theater-Übungen und Spiele helfen uns dabei, uns selbst kennenzulernen, körperlich beweglich zu sein, die anderen Spieler und den Raum wahrzunehmen und uns auf den Prozess einzulassen.

Dann widmen wir uns dem Thema. Bei dem hier beschriebenen Projekt habe ich am Anfang einen Koffer dabei, der als Familienkoffer des Erzvaters Abraham eingeführt wird. Er möchte ihn vererben und »füllen«. Ich erzähle kurz die Geschichte Abrahams und erläutere den Begriff Segen.

Die Gegenstände in dem Koffer stehen für den Segen, den Abraham seinen Kindern weitergeben möchte. In kleinen Schritten leite ich die Teilnehmenden an, selbst zu überlegen, was sie in so einen Segenskoffer hineinlegen würden:

- Welche Eigenschaften von dir selbst möchtest du gerne »vererben«?

- Welche Geschichten waren in deinem Leben bedeutsam?
- Welche Worte haben dich begleitet?
- Welche Erfahrungen möchtest du weitergeben?
- Welches Lied ist dir wichtig geworden?
- Welche Rituale hast du schätzen gelernt?

Diese Übung mündet in eine Schreibwerkstatt, in der diese Lebens-Geschichten schriftlich festgehalten werden. Sie werden später erzählt und gespielt.
Hierfür wende ich Methoden aus dem Playback-Theater an. Dabei geht es darum, eigene Geschichten in Variationen vorgespielt und -gespiegelt zu bekommen und so zu entdecken, welche Bedeutung sie in der eigenen Lebensbiografie haben. Für die Aufführung wird dieses Material verfremdet und universalisiert, sodass mögliche therapeutische oder seelsorgerliche Fragestellungen in den Hintergrund treten.

Von der Vorbereitung um Konzept

Dann geht es in mehreren Schritten darum, eine Szene zu konzipieren. Dabei wird gemeinsam entschieden, ob wir eine Episode durch die persönlichen Erfahrungen und Geschichten erweitern oder ob wir eine gänzlich neue Szene zeigen wollen.
Wichtig während dieser Phase ist, dass die einzelnen Rollen sehr genau erarbeitet werden. Wir sammeln und prüfen alles, was uns zu den jeweiligen Figuren wichtig oder auch unwichtig erscheint: Welche körperlichen Eigenschaften haben sie? Welchen Gang, welche Hal-

tung? Auch ihre Vorgeschichte, ihre Persönlichkeit wird so genau wie möglich erarbeitet.

Dabei mischen sich oft eigene Erfahrungen mit den möglichen Erfahrungen der jeweiligen Figur und fließen in die Rolle mit ein. Das ermöglicht ein authentisches Spielen und ist ein wichtiges Merkmal dieser Art, Theater zu spielen.

Probenzeit

Die letzte Phase vor der Aufführung ist dann die intensive Probenphase. Die Szenen werden erst improvisiert und dann immer genauer festgelegt. Wir probieren verschiedene ästhetische Mittel des Theaterspielens aus und komponieren die Szene so lange, bis sie uns gefällt. Es kommt mir später nicht so sehr darauf an, ob die Texte bis ins letzte Detail beherrscht werden oder nicht. Viel bedeutsamer ist, dass die Rollen eine Identifikationsmöglichkeit bieten – sowohl für die Spielenden als auch für die Zuschauenden.

Nach einer Aufführung nehmen wir uns dann noch genügend Zeit und Raum für ein Nachsinnen und Resümieren.

Das Besondere an diesem Projekt

Anders als bei der Mitgliedschaft in einer festen Theatergruppe ist dieses Projekt zeitlich begrenzt. Das ermöglicht es den Teilnehmenden, sich auf etwas Neues einzulassen. Außerdem lässt die Zugehörigkeit zu einer Projektgruppe Altersunterschiede nicht mehr relevant erscheinen.

Während meiner Zeit als Gemeindediakonin suchte ich nach Möglichkeiten für Teenager und Jugendliche, sich stärker am Gottesdienstgeschehen zu beteiligen und sich somit auch stärker mit der gesamten Gemeinde zu identifizieren. Durch die Öffnung der Theaterprojektgruppe für alle Altersgruppen ergaben sich an dieser Stelle weit mehr Möglichkeiten als zuvor gedacht. Es wurden sogar Fahrten zum Treffpunkt gemeinsam organisiert und gemeinsame Essen und Feiern geplant.

Die ganzheitlichen Theaterübungen ermöglichen einen unkomplizierten Zugang zueinander, über das Kognitive hinaus: Sich gemeinsam bewegen, lachen, sich spielerisch ausprobieren und über den eigenen Schatten springen, steht im Vordergrund. Das Teilen eigener (Lebens-)Geschichten schafft ein persönliches Anteilnehmen und Kennenlernen. Verständnis und Empathie werden eingeübt.

Die Rollenarbeit bietet darüber hinaus besondere Gelegenheiten, in die Rolle eines anderen zu schlüpfen und dessen Erfahrungen zu teilen: Wie fühlt es sich an, als Rivale des Bruders oder der Schwester aufzuwachsen, als Mutter die eigenen Kinder ziehen zu lassen, als Großvater mit anzusehen, wie das Erbe »verschleudert« wird?

Folgende Fragen werden dabei gestellt: Wie siehst du das? Wie sehe ich das? Wie hast du das erlebt? Was ist mir wichtig daran?

Die Gruppe kommt ins Diskutieren, manchmal auch ins Streiten, aber letztendlich geht es nicht um eine Bestätigung der eigenen Sichtweise, sondern darum, andere Blickwinkel einzunehmen und dadurch beschenkt zu werden.

Das geht im Theater besonders gut, weil wir durch Übungen immer wieder in die anderen Rollen hineinschlüpfen können. Wir können uns ausprobieren und andere Meinungen vertreten, ohne uns dafür rechtfertigen zu müssen. Das »Laufen in den Schuhen des anderen« – auch wenn es nur für ein paar Minuten während des Theaterspielens ist – erweitert unseren Horizont und lässt Erfahrungen anderer für uns selbst erlebbar werden.

Bei dieser Form des Theaterspielens ist es mir besonders wichtig, wegzukommen von textlastigen Anspielen oder Stücken, hin zu einer lebendigen Verkörperung einer Geschichte.

Meine Erfahrung ist, dass sich vor allem Laienspielende sicherer fühlen, wenn sie viel Zeit und Energie auf die Rollenarbeit verwendet haben. Wenn sie wissen, wen sie da spielen – was das für ein Mensch ist, was er fühlt, wie es ihm geht –, dann ist es eigentlich unmöglich, mit dem Text hängen zu bleiben. Denn man kann aus der Rolle heraus improvisieren.

Dafür braucht man allerdings viel Zeit im Vorfeld. Mir ist es wichtig, dies zu betonen, denn es handelt sich hier nicht um schnell gestrickte Anspiele, die eine Veranstaltung aufpeppen sollen.

Auf der anderen Seite ist es aber auch keine therapeutische Arbeit. Es geht darum, die Texte mit Körper, Seele und Geist zu begreifen, sich aufeinander und auf diesen Prozess einzulassen. Das stärkt das Selbstbewusstsein – bei Kindern, Jugendlichen und Erwachsen – und regt die eigene Fantasie und Kreativität an. Durch das intensive Auseinandersetzen mit einer Figur werden im besten Fall eigene Verhaltensweisen und Muster entdeckt und überdacht.

Ich habe auch erlebt, dass die Teilnehmenden nach einem Projekt ungezwungener miteinander umgegangen sind. Sie wussten nun mehr voneinander, von ihren Stärken und ihren Schwächen, von verschiedenen Lebenserfahrungen. Dass sie viel von sich persönlich preisgegeben haben, hat die Gemeinschaft gestärkt. Und natürlich verbinden einen die gemeinsamen Erfolge, aber auch die Missgeschicke oder Patzer, auf die man mit einem Lächeln zurückblickt.

Mein Fazit: Das erste Projekt dieser Art – mit einer generationenübergreifenden Gruppe – war für mich ein großes Wagnis. Aber es hat sich gelohnt.

Bei altersspezifischen Gruppen war ich bisher immer auf sicherem Terrain gewesen: Ich konnte Gruppendynamik und Konflikte einordnen und mich dementsprechend vorbereiten.

Hier wusste ich dagegen nicht, wie sehr sich die Teilnehmenden aufeinander einlassen würden, wie viel sie von sich preisgeben würden und wie groß überhaupt das Interesse an der Lebenswelt der anderen Generation sein würde. Aber ich wurde positiv überrascht und bin immer noch begeistert über die einzelnen Projektgruppen, die ich in den letzten Jahren begleiten durfte.

Als Kind bin ich hauptsächlich durch meine Eltern geprägt worden, weil wir immer an einem anderen Ort als meine Großeltern und Urgroßeltern gewohnt haben. In der Familie meines Mannes war es anders: Da haben im ostwestfälischen Dorf noch drei bis vier Generationen unter einem Dach gewohnt. Ich beneide ihn manchmal darum, wenn er erzählt, wie viel Zeit er als Kind mit seinen Großeltern und auch mit den Cousinen verbracht hat.

Unsere Verwandtschaft lebt auch heute weit verstreut und wir müssen lange im Voraus Termine für unsere Treffen planen. Deshalb sind uns einige andere Menschen verschiedener Altersgruppen wichtig geworden. Wir wünschen uns ein gegenseitiges Voneinander-Lernen und Miteinander-Erleben, gerade weil wir es im beruflichen und familiären Alltag vor allem mit Menschen zu tun haben, die in einer ähnlichen Lebenssituation sind wie wir.

Auch in der Kirchengemeinde sind die meisten Angebote altersspezifisch ausgerichtet – ursprünglich nicht ohne Grund. Doch wo finden echte Begegnungen zwischen den unterschiedlichen Generationen statt?

In unserer letzten Gemeinde trafen wir uns nach dem Gottesdienst alle zum gemeinsamen Mittagessen. Das habe ich als echte Bereicherung erlebt. Jeder bringt etwas mit. In dieser Zeit begegnen sich Menschen aller Altersgruppen und haben Zeit, sich auszutauschen. Allerdings bilden sich auch bei diesen Gelegenheiten schnell homogene Gruppen.

Das gemeinsame Theaterspielen in der Projektgruppe geht einen Schritt weiter. Mein Ziel ist, dass die ganze Vielfalt der Spielenden und alles, was sie ausmacht, sichtbar wird: vom neugierigen Kind über Heißsporne, Weltverändererinnen, Fragende, Mitten-im-Leben-Stehende und rüstige Rentner bis hin zu weisen Ruhepolen. So können wir wunderbare neue Einsichten gewinnen. Ich möchte Mut machen, Formen zu finden, in denen wir persönlich gesehen und ernst genommen werden. Es ist gut, Themen zu gestalten, die uns alle beschäftigen, um den Segen an andere weiterzugeben.

Danke für den Blick auf ein originelles Projekt und in dein Leben.

Das Projekt zeigt, wie hilfreich es ist, mal die Rolle zu wechseln und sich selbst und andere aus einer anderen Perspektive zu erleben. Auf diese Weise wird es leichter, zu sich zu stehen, die Rollen des Lebens zu unterscheiden und so auch andere Menschen in ihren verschiedenen Rollen zu akzeptieren.

4 STAFFELLAUF

Generationenübergreifend handeln, braucht:
Vertrauen und Akzeptanz. Teilhaben lassen statt Macht
ausüben. Gegenseitige Unterstützung. Den Willen,
etwas gemeinsam zu gestalten.

Teamstärke und Teilhabe

Beim Staffellauf zählt das Team: Mehrere, die laufen, teilen sich
eine Strecke. Eine gewisse Wegstrecke sind sie allein unterwegs,
aber sie brauchen Verbundenheit. Bei der Stabübergabe müssen
sie gut aufeinander achten. Gemeinsam verfolgen sie ein Ziel und
am Sieg haben alle Anteil.

Auch für die Generationengemeinschaft sind Teamgedanke,
Weg und Ziel von großer Bedeutung. Wenn alle in gleicher Weise
Anteil haben am Bemühen und am Gelingen oder Scheitern,
wenn alle innerhalb einer Gemeinschaft gleichwertig mitwirken,
ist das Teilhabe. Und es sollen wirklich alle beteiligt sein und mitbestimmen dürfen: Jüngere, Ältere, Menschen mit und ohne Beeinträchtigungen, in fernen Ländern Geborene und in Deutschland
Aufgewachsene.

Wie beim Staffellauf ist Teilhabe etwas sehr Dynamisches. Die
Beteiligten müssen sich bewusst aufeinander einlassen. Der Begriff
Partizipation kann Aufschluss geben: Aus dem Lateinischen stammend, ist er aus dem Substantiv *pars* für »Teil« und dem Verb *capere*
mit der Bedeutung »fangen, ergreifen, sich aneignen, nehmen«
zusammengesetzt. Übersetzt wird Partizipation mit Beteiligung,
Teilhabe, Teilnahme, Mitwirkung, Mitbestimmung, Einbeziehung
usw.

Das klingt selbstverständlich und einfach. So kann es auch sein, ist es aber leider durchaus nicht immer. Drei Beispiele können veranschaulichen, worauf es in diesem Zuammenhang ankommt: Das erste ist die Geschichte einer Familie, deren Mitglieder auch durch ein Unternehmen miteinander verbunden sind und auf eine gelungene Stabübergabe zurückblicken können. Das zweite beschreibt ein Modell, wie Partizipation schrittweise eingeübt werden kann. Und das dritte ist ein Statement dazu, dass Partizipation alles verändert.

FAMILIE HERING-GIESLER: EINE DREIGENERATIONEN-FAMILIE MIT FAMILIENBETRIEB

Die Familiengeschichte spielt im sauerländischen Eslohe. Dort hat Anfang der 1960er-Jahre ein junger Unternehmer eine Firma für Präzisionsdrehteile gegründet. Gemeinsam mit einem Partner konnte er die Firma so weit voranbringen, dass sie zu einem verlässlichen Zulieferanten für die Autoindustrie und für andere Verarbeiter von Drehteilen wurde. Sie ist bis heute ein erfolgreiches Zweifamilienunternehmen.

Ich kenne die Familie des Firmengründers Horst Giesler schon viele Jahre und freue mich, dass die verschiedenen Generationen der Familie Hering-Giesler bereit waren, mir einen Einblick zu geben in ihr Leben, Arbeiten und ihr Miteinander. Horst ist leider schon verstorben, aber seine inzwischen 82-jährige Ehefrau Gabi, Tochter Tina, Schwiegersohn Rudi und Enkeltochter Annika erzählten gern von dem starken Netz, das sie miteinander und mit ihren Geschwistern, Schwiegereltern und Urgroßeltern verbindet.

Sehr eindrücklich fand ich, was Rudi und Gabi über die Stabübergabe innerhalb des Familienbetriebes erzählten. Zunächst schilderte Gabi ehrlich die Hoffnungen, die auf ihrem ältesten Sohn, Tinas Bruder, geruht hatten. Es war ursprünglich Horsts Wunsch gewesen, dass sein Sohn die Firma übernehmen sollte. Die Begabungen des jungen Mannes lagen aber auf einem ganz anderen Gebiet und seine Eltern drängten ihn nicht. Sie ermutigten ihn, seinen eigenen Weg zu finden und zu gehen, und akzeptierten seine Entscheidung.

Auch die beruflichen Wege der Töchter, als Hebamme und als Ergotherapeutin, schlossen eine Nachfolge in der Firma aus. Und so hatte Horst eine Zeit lang keine Perspektive, wer in der Firma einmal seinen Platz übernehmen könnte.

Dass er dann in seinem Schwiegersohn Rudi einen würdigen Nachfolger fand, war anfänglich von keiner Seite beabsichtigt gewesen. Als Grundvoraussetzung dafür, dass es überhaupt dazu kommen und die Übergabe dann auch gelingen konnte, nannte Rudi Vertrauen und Akzeptanz. Er schilderte die Stabübergabe als entspannt und von seinem Schwiegervater gut vorbereitet. Dazu gehörte auch, dass Horst gemeinsam mit einem befreundeten Unternehmer die Möglichkeit arrangierte, dass Rudi in einem anderen Betrieb in die Situation der Unternehmensleitung hineinwachsen konnte.

So konnte Rudi sich ein Jahr lang intensiv vorbereiten und anschließend eine Zeit lang gemeinsam mit Horst die Firma führen. Auch diese gemeinsame Zeit im Betrieb schilderte er als völlig spannungsfrei. Denn Horst ließ ihn teilhaben. Die Zusammenarbeit mit der Partnerfamilie dagegen musste erst langsam wachsen. Gern hätte Rudi seinen Schwiegervater als Berater länger an seiner Seite gehabt. Aber Horst bekam Lungenkrebs und verstarb.

Ob auch der Übergang in die dritte Generation gelingen wird, ist aus Rudis Sicht noch völlig offen. Zwar studiert Sohn Samuel, um Wirtschaftsingenieur zu werden. Und Tochter Annika machte zur Zeit unseres Gespräches ein Praktikum im Familienbetrieb. Sie hat vier Jahre Media Management studiert, ein Studiengang, der ihre kreativen Fähigkeiten mit wirtschaftlichen Inhalten verbindet. Feste berufliche Vorstellungen von der Zukunft habe sie noch nicht, und das Praktikum habe sich eher spontan ergeben, meinte sie. Somit ist alles noch offen und manches möglich. Doch Tina und Rudi wollen ihren Kindern alle Freiheiten und Entwicklungschancen lassen und sie nicht zu irgendetwas drängen.

Vertrauen! Darin sehen alle Familienmitglieder das Material, aus dem die Netzwerkfäden ihres Familienverbundes geknüpft sind. So sehen sie es rückblickend und wünschen es für die Zukunft.

Tina denkt dabei gern an die Zeit zurück, als sie und Rudi mit ihren damals noch kleinen Kindern mit den Großeltern unter einem Dach gewohnt haben. Wie Oma Olga mit Annika auf dem Schoß in der Küche saß oder Opa Emil, wenn er nach seiner Pensionierung nicht gerade im Familienbetrieb aushalf, den Garten bearbeitete und verschönte. Da auch Gabi und Horst im selben

Ort wohnten, pflegten sie eine intensive Mehrgenerationengemeinschaft.

Diese Zeit mit vier Generationen nahe beieinander beschreibt Tina als außerordentlich wertvoll, für sich, aber vor allem für die nachfolgende Generation. Auch dass die Kinder ganz natürlich das Lebensende der Urgroßeltern miterlebten, bezeichnet Tina als Gewinn. An Freud und Leid der anderen Generationen teilzuhaben, sei eine wertvolle Erfahrung, meint sie.

Annika bestätigt, wie prägend es für sie war, mit der »erweiterten Familie«, wie sie es nennt, in einem Haus zu leben. Von Spuren, die geblieben sind, erzählt sie an anderer Stelle. Bis heute verbinden die Familienmitglieder gemeinsame Interessen, Fähigkeiten und Neigungen. Die Vorliebe für Sport, Fotografieren und Reisen teilen sie über drei Generationen hinweg und das Interesse am Garten und an Naturheilkunde verbindet Tina sogar noch mit Uroma Olga.

Was sich ebenfalls wie ein roter Faden durch mehrere Altersgruppen zieht, ist die Gastfreundschaft. Erst kürzlich, so schilderte Tina erfreut, habe ihr Sohn Samuel, der zurzeit in einer quirligen Wohngemeinschaft lebt, gesagt, so ein offenes Haus wolle er auch einmal haben, anders könne er es sich gar nicht vorstellen.

Und Gabi ergänzte, sie habe als Einzelkind früher die Lebendigkeit einer großen Familie vermisst. Deshalb habe sie bewusst gemeinsam mit Horst dafür gesorgt, dass Gastfreundschaft bei ihnen großgeschrieben wurde. Über zu wenig Gäste brauchten sie sich nicht zu beklagen, denn als aktive Mitglieder ihrer Kirchengemeinde mangelte es ihnen nie an Kontakten. Alle Familienmitglieder bestätigten, dass die Gemeinde und vor allem der Glaube ein starkes Bindeglied sei.

Es ist wohl nicht zuletzt die gute Balance von Geben und Nehmen, die den Zusammenhalt in dieser Familie stärkt. Wie sehr Gabi sich in jüngeren Jahren für ihre Lieben eingesetzt hat und sie bis heute nachsichtig, aber geradlinig, ermutigt, wurde in mehreren Beispielen deutlich. Und nach einer Operation durfte sie die Zeit der Genesung bei Tina und Rudi in Annikas Zimmer verbringen und wurde von ihren Familienmitgliedern liebevoll versorgt.

Die sechs Stufen der Partizipation

Was leicht und selbstverständlich klingt, muss oft bewusst angestrebt und eingeübt werden, gerade in Generationengemeinschaften ohne familiäre Bindung. Dafür sind konkrete Schritte zu bedenken.

Denn nicht immer und überall, wo Generationen einander begegnen, ist Vertrauen und Akzeptanz von vornherein die Basis. Einander lediglich etwas mitzuteilen, ist noch keine wirkliche Partizipation. Das mag ein Schritt in die richtige Richtung sein, doch sollten ihm weitere folgen. Und es ist gut, solche Schritte zu kennen.

Um Kindern und Jugendlichen Partizipation zu ermöglichen, haben Roger Hart und Wolfgang Gernert versucht, verschiedene Stufen der Partizipation zu unterscheiden, die von reiner Fremdbestimmung bis hin zur Selbstverwaltung reichen. Leicht lässt sich das auf Lebenssituationen in anderen Altersphasen übertragen.

Am Beispiel einer fiktiven generationengemischten Gemeinschaft können die Phasen deutlich werden. Nehmen wir dafür exemplarisch Jugendliche in den Blick. Wie können sie wirklich partizipieren?

- Die *erste Stufe* ist die Phase der *Fremdbestimmung* und hat insofern noch nichts mit Teilhabe zu tun. Die jungen Leute erfahren im Vorfeld nichts über die Intentionen, Inhalte und Arbeitsformen einer Aktion, bei der sie aktiv sein sollen. Sie können also gar nicht verstehen, was sie tun. Sie dienen eher als Aushängeschilder. Ziele und Ergebnisse sind fremddefiniert. Nicht selten geht Fremdbestimmung mit Manipulation einher.
- Die *zweite Stufe* wird als *Dekoration* bezeichnet. Jugendliche wirken zwar auf einer Veranstaltung mit, haben aber lediglich die Aufgabe, diese Veranstaltung zu schmücken, zum Beispiel durch einen musikalischen Beitrag. Einfluss auf die inhaltliche Gestaltung haben sie nicht.
- Die *dritte Stufe*, die *Alibi-Teilnahme*, beinhaltet, dass die Teilnahme von Jugendlichen an einer Planungsphase grundsätzlich zu berücksichtigen ist. Die Jugendlichen nehmen freiwillig an Sitzungen und Gesprächen teil und dürfen mitreden. Für das, was am Ende entschieden wird, bleibt ihr Beitrag aber irrelevant.
- Bei der *vierten Stufe*, die schon als *Teilhabe* bezeichnet wird, sind Jugendliche zwar sporadisch an Entscheidungsprozessen beteiligt, aber nicht durchgängig. Dabei geht ihr Engagement durchaus über die bloße Teilnahme hinaus. Ihre Teilhabe stößt aber häufig dann an Grenzen, wenn es zum Beispiel um Leitungsfunktionen geht.

- Die *fünfte Stufe* wird mit den Stichworten *»zugewiesen, aber informiert«* beschrieben. Das bedeutet, dass ein Projekt zwar von den älteren Funktionsträgern in Form und Inhalt weitgehend vorbereitet wird, die Jugendlichen aber stets gut informiert werden und wissen und verstehen, worum es gehen soll. Sie begreifen auch, was sie selbst bewirken können durch ihre Mitgestaltung.

- Die *sechste Stufe* ist dann die Phase der *Mitwirkung*, bei der Jugendliche schon viel stärker Einfluss nehmen können. Das kann zum Beispiel durch Fragebögen oder Interviews geschehen. Durch sie können sie ihre Vorstellungen und Ideen einbringen oder auch Kritik äußern. Dennoch bleibt ihre tatsächliche Entscheidungskraft noch gering, wenn es darum geht, welches Projekt denn tatsächlich umgesetzt werden soll.

- Bei der *siebten Stufe*, der *Mitbestimmung*, haben Jugendliche dann tatsächlich Anteil an den Entscheidungsprozessen. Auch wenn die Idee noch von den älteren Funktionsträgern kommt, so werden die Entscheidungen doch von allen gemeinsam getroffen, demokratisch. So kann in den Jugendlichen das Gefühl und das Bewusstsein des Dazugehörens und der Mitverantwortung wachsen.

- Die *achte Stufe*, die *Selbstbestimmung*, ermöglicht es den Jugendlichen Eigeninitiative zu entwickeln und ein konkretes Projekt ins Leben zu rufen und durchzuführen. Die älteren Funktionsträger tragen die Planungen mit und sind unterstützend und fördernd beteiligt.

- Die *neunte und letzte Stufe* geht schon einen Schritt über Partizipation hinaus: *Selbstverwaltung!* Eine Gruppe von Jugendlichen organisiert sich selbst und hat völlige Entscheidungsfreiheit über ihre eigenen Angebote. Die Entscheidungen werden dann den Älteren lediglich mitgeteilt.

Diese Formen der Beteiligung lassen sich auf die unterschiedlichsten Projekte und auf alle Altersgruppen übertragen. Gemeinsam haben diejenigen, die es betrifft: Sie wollen im Rahmen ihrer Möglichkeiten das jeweilige Projekt mitgestalten!

———

Dass Partizipation herausfordernd ist und zugleich alles verändern kann, schildert Tom Schönknecht. Er ist Pastor im BEFG, Coach und Supervisor.

STATEMENT VON PASTOR TOM SCHÖNKNECHT: »PARTIZIPATION VERSTÄRKT ALLES!«

Ein paar Jahre lang war ich im Auftrag eines Jugendwerks unterwegs, um Mitarbeitende in Gemeinden zu unterstützen und zu schulen. Aus gegebenem Anlass ging es dabei eine Zeit lang besonders verstärkt um das Thema Kindeswohlgefährdung. Unter der Überschrift »Sichere Gemeinde« war es das Anliegen, Menschen zu sensibilisieren und neue Wege im gemeindlichen Miteinander aufzuzeigen, ohne dabei den Zeigefinger zu heben.

Im Laufe der Veranstaltungen kam immer wieder der Gedanke durch: »Dann müssen wir ja alles anders machen!« Manchmal mit Stirnrunzeln, oft aber auch mit einem gespannten und neugierigen Gesichtsausdruck verbunden.

Es wurde klar: Wenn wir vermeiden wollen, dass die Teilnehmenden Opfer werden, dann brauchen wir Beteiligung. Da, wo Mitarbeitende auf Macht und Einfluss verzichten und stattdessen den Teilnehmenden mehr Gestaltungsspielraum einräumen, ändert sich alles. Leben und Arbeit werden bunter und vielfältiger. Zwar manchmal auch etwas chaotischer und unvorhersehbarer. Aber so ist das Leben ja nun einmal.

Ein Gegenbild ist für mich eine Gemeinde oder Organisation, in der einige wenige Menschen sagen, wo es langgeht. Das funktioniert vielleicht eine Zeit lang ganz gut, aber irgendwann ist immer die Luft raus. Da kann die »Führungsriege« noch so hip und cool sein – ohne gelebte Vielfalt und echte Beteiligung ist bald der Tod im Topf.

Deswegen: Wer das Leben liebt, liebt Partizipation. Wer hingegen auf Macht setzt, der ist bald Geschichte.

Leider erlebe ich als Supervisor und Coach aber recht häufig, was dieses Machtstreben aus Menschen macht. Zum Beispiel in einem großen Unternehmen, in dem der Abteilungsleiter seinen Mitarbeitenden erst kurz vor der ersten Sitzung mitteilte, dass sie ab sofort einen Beratungsprozess über sich ergehen lassen würden. Als ich hochmotiviert und gut gelaunt den Raum betrat, prallte ich auf eine Mauer eisiger Ablehnung. Egal, welches Methodenfeuerwerk ich abbrannte – wir kamen über ein Jahr lang keinen Zentimeter voran.

Man kann eben nur Menschen beraten und begleiten, die das auch wollen. Außerdem muss die realistische Chance bestehen, dass dieser Prozess tatsächlich Veränderungen herbeiführt. Denn auch das habe ich erlebt: Dass Mitarbeitende sich Gedanken machen und gute Ideen einbringen, die der Chef dann mit einem »Wenn es Ihnen bei uns nicht gefällt, dann können sie ja kündigen« quittiert. Um sich danach bei mir zu beschweren, dass in seiner Abteilung niemand Eigeninitiative zeigen würde!

Partizipation ist kein Dekorationsobjekt einer Organisation. Sie kann nur das Fundament sein, auf dem alles andere aufgebaut ist. Wo das nicht gegeben ist, da ist das Haus auf Sand gebaut.

Wenn ich das Gebäude einer Organisation betrete und bereits im Eingangsbereich lese, wie vielfältig, menschenfreundlich und partizipativ man hier ist, dann ahne ich schon, dass es damit nicht weit her sein wird. Entweder haben die Mitarbeitenden nämlich ihre selbst entworfenen Grundsätze in ihre Herzen geschrieben oder jemand aus der Chefetage hat sie in Stein gemeißelt und dekorativ in der Eingangshalle platzieren lassen. Machtwille oder Partizipation – man kann nur *einem* Herrn dienen.

MACHTWILLE ODER PARTIZIPATION – MAN KANN NUR EINEM HERRN DIENEN

Und das ist das Problem mit Gemeinden und Organisationen, die von Beginn an auf Macht und auf hierarchische Strukturen gesetzt haben: Reförmchen bringen nichts. Sondern es braucht eine grundlegende Umgestaltung von unten nach oben, wenn es weitergehen soll. Auf lange Sicht bereichert Partizipation jede Organisation und Gemeinschaft. Macht sie neu zu einem lebendigen Organismus.

So habe ich es auch bei der Gottesdienstgestaltung erlebt: Wer die Freiheit hat, Neues zu gestalten, der entwickelt wunderbare Ideen. Beteiligung setzt Leidenschaft und Kreativität frei. Zum Beispiel können Jugendliche die Idee einbringen, während des Gottesdienstes eine Getränkebar einzurichten. Oder die Älteren möchten das Abendmahl einmal anders feiern – dezentral an Bistrotischen, mit Vordrucken für die Liturgie, sodass alle sich an der Gestaltung beteiligen können. Eine kindgerechte Sitzgruppe mit Malutensilien entsteht – nicht hinter Plexiglas, sondern mitten im Gottesdienstraum. Wenn Menschen gestalten dürfen, dann tun sie es plötzlich auch. Und dann wird Gemeinde wieder bunt und interessant.

Einander teilhaben lassen hat also weniger mit dem Alter zu tun, sondern vielmehr damit, wie einzelne Menschen mit Macht und Ohnmacht, Angst und Vertrauen umgehen.

5 | TÜREN ÖFFNEN

Generationenübergreifend handeln, braucht:
Offenheit. Mit Einfallsreichtum, sachkundig
und pragmatisch vorgehen. Emotional beteiligt sein.

Anklopfen

Wenn meine Nichte mit ihren zwei kleinen Kindern zu Besuch kommt, öffne ich unsere Eingangstür oft schon, während sie noch im Auto sitzt. Manchmal gehe ich ihr auch entgegen und nehme ihr eines der Kinder ab. Nicht nur die Wohnungstür ist dann weit geöffnet, sondern wir erleben auch viel Offenheit und Freude beim anschließenden Zusammensein, beim Erzählen, Essen und Spielen mit den Kindern.

Bei solchen Begegnungen gibt es keinerlei Barrieren – höchstens aus Sicherheitsgründen für die Jüngsten. Ich brauche gar nicht darüber nachzudenken, ob ich meiner Nichte und ihren Kindern die Tür öffne, sondern es geschieht wie von selbst. Und Anklopfen ist nicht nötig.

Dagegen ist mein Besuch bei einer alten Dame, die nicht mehr mobil und dadurch einsam geworden ist, ein sehr bewusster Prozess: Ich überlege mir vorher, welche Türen ich durchschreite. Es sind im doppelten Sinne zwei Türen und mit ihnen sind zwei verschiedene Vorgänge verbunden.

Denn indem ich meine eigene Wohnungstür hinter mir schließe, verlasse ich meinen eigenen Lebensbereich, den Bereich, in dem ich mich bestens auskenne. Ich trete aus meinem privaten Raum heraus in die Öffentlichkeit. Den Weg von einer Wohnungstür zur anderen kann ich als Chance nutzen, mich ein- und umzustellen und mir bewusst zu machen: Wenn ich durch die Wohnungstür der alten Dame gehe, betrete ich *ihren* privaten Raum. Das ist der Ort, an dem *sie* alle Rechte hat.

Das zu beachten, ist vor allem dann wichtig, wenn die Person, die ich besuche, mit Einschränkungen leben muss, wie die besagte alte Dame. Wie groß ist da die Gefahr, dass ich die Rollen verwechsle. Ich möchte gern helfen. Schließlich bin ich fit und mobil! Also decke ich den Tisch und schenke den Kaffee ein. Ungefragt übernehme ich so die Rolle der Gastgeberin.

GUT GEMEINT IST NICHT IMMER AUCH GUT GEMACHT.

Aber gut gemeint ist ja bekanntlich nicht immer auch gut gemacht. Gerade im Miteinander der Generationen ist das oft schmerzhaft zu erfahren. Mit meiner spontanen Hilfeleistung weise ich der alten Dame nämlich die Rolle der Schwachen zu und gebe mir als Besucherin die Rolle der Starken. Besonders bei Besuchen mit einem diakonischen Anliegen ist zu beachten, welche Türen auch im übertragenen Sinne offen bleiben müssen.

Ob ich die Selbstbestimmung und die Würde meines Gegenübers anerkenne und mich entsprechend verhalte, trägt wesentlich dazu bei, welche Türen ich für das Miteinander offen halte oder auch schließe.

Symbol Tür

Türen sind sehr symbolträchtig. Eine Tür markiert immer eine Grenze, die leicht oder auch schwer zu überschreiten ist. Damit das Miteinander der Generationen gelingt, sollte die Grenze niemals leichtfertig überschritten werden.

Türen können als Metapher für verbindende oder trennende Elemente zwischen Menschen verstanden werden. Offene Türen werden meistens mit positivem Erleben und Empfinden, mit Offenheit, mit Gemeinschaft und Kontaktfreude in Verbindung gebracht. Geschlossene Türen dagegen stehen für Isoliertsein, Abgrenzung, Verschlossenheit. Sie können Angst machen oder auch neugierig werden lassen.

Manche Redewendungen aus dem alltäglichen Sprachgebrauch zeigen das: »Jemandem die Tür vor der Nase zuschlagen« meint den Kontakt abbrechen. Wer »mit der Tür ins Haus fällt«, hält sich nicht lange mit Höflichkeiten auf und berücksichtigt kaum die Befindlichkeit des Gegenübers. Wenn ich bei jemandem »offene Türen einlaufe«, findet mein Anliegen sofort Anklang. Wer dagegen »eingeschnappt« ist, hat dichtgemacht.

Die Tür ist ein viel gebrauchtes Bildwort, das auch in biblischen Texten zu finden ist. Einige Geschichten erzählen von geöffneten und verschlossenen Türen. Auch in der Weihnachtsgeschichte finden wir beides: Maria und Josef stehen vor verschlossenen Türen, als sie nach einer Herberge suchen. Sie werden abgewiesen. Gleichzeitig sind sie aber die Ersten, die mit dem zusammen sein dürfen, der die Tür zu Gott wieder ganz öffnet: Jesus. Er hat sich selbst als die Tür zum Leben bezeichnet und uns vorgelebt, wie wir unsere Herzenstüren offenhalten sollen.

Auch manche Märchen, in denen Türen eine geheimnisvolle Rolle spielen, können einen wichtigen Hinweis geben. In manchen Geschichten braucht es ein »Zauberwort«, damit eine verschlossene Tür aufgeht.

Im wirklichen Leben kann das jeder noch so kleine Ausdruck gegenseitiger Akzeptanz und Wertschätzung sein. War es bei Ali Baba und den vierzig Räubern aus der Geschichtensammlung »Tausendundeine Nacht« der bekannte Ausspruch »Sesam, öffne dich!«, so können es zwischen den Generationen kleine Hilfsangebote, Worte des Lobs und der Anerkennung oder auch nur ein Dankeschön sein.

Türöffner-Übungen mit dem Symbol Tür

Wenn es darum geht, Wege zu finden, die Generationengemein-schaft zu fördern, ist die Tür ein hilfreiches Bild. Anschauliche Übungen und Aktionen können damit verbunden werden.

Bildkarten mit Türmotiven

Bilder, die zum Beispiel in einer Veranstaltung ausgelegt werden, können helfen zu thematisieren, wie es um die Beziehungen zwischen den Generationen steht: wo Türen als verschlossen oder geöffnet empfunden werden oder auch, welche Erwartungen damit verbunden sind. Die Ansichten verschiedener Türen ermöglichen es, sich zunächst nonverbal zu positionieren.

Da die individuellen Eindrücke, Erlebnisse und Empfindungen durch ein Bild wiedergegeben werden, muss ein Wunsch für die Zukunft nicht gleich in Worte gefasst werden. Auch die individuelle Wahrnehmung der Gegenwart braucht keine Beschreibung. Und ein Erlebnis aus der Vergangenheit darf sich langsam wieder Bahn brechen. Mit Blankokarten können Assoziationen und so die persönlichen Türen, Zugänge oder auch Durchgänge dargestellt werden.

Ein gut moderiertes Gespräch kann sicherlich klären, wo gegenseitige Offenheit herrscht und wo »dichtgemacht« wurde zwischen den Generationen. Es wird Überraschungen geben und Anhaltspunkte für Verbesserungen. Und wenn für die Gemeinschaft aus einem Spalt, durch den ein wenig Licht dringt, ein schmaler Durchgang wird, dann ist schon viel gewonnen.

Denkbar ist auch, alle Teilnehmenden drei Bildkarten auswählen zu lassen, verbunden mit konkreten Impulsen zur Generationengemeinschaft, etwa:

- Mit welcher Tür verbindest du einen Wunsch oder eine Erwartung an eine bestimmte Person aus einer anderen Generation?

- An welche Tür würdest du klopfen, wenn du Hilfe von jemandem aus einer anderen Altersgruppe brauchst?
- Hinter welcher Tür würdest du gern wohnen und mit wem?
- Welche Tür würdest du öffnen, wenn du mit jemandem aus einer anderen Generation ein kleines Abenteuer erleben möchtest?

Das Symbol Tür kann aber auch noch viel weiter gefasst für zahlreiche Möglichkeiten stehen, das Miteinander der Generationen zu stärken. Viele Materialien bieten sich als Türöffner für generationenübergreifende Aktionen an.

Interaktion Eisherzen schmelzen

Die Interaktion fand in einem Gottesdienst statt, der bewusst für alle Generationen konzipiert war. Dabei wurden Eisherzen in warmem Wasser zum Schmelzen gebracht.

Die Aktion veranschaulichte und unterstützte die Botschaft des Propheten Hesekiel: Verhärtete und unterkühlte Herzen brauchen eine grundlegende Erneuerung (vgl. Hesekiel 3,24). Deutlich werden sollte, dass diese Botschaft, ursprünglich an das Volk Israel gerichtet, auch im Hier und Heute etliche Entsprechungen findet. Auch heute sind es Härte und Kälte durch Egoismus, Missachtung und Ausgrenzung, die Verbundenheit und ein gerechtes Zusammenleben verhindern.

EIN WARMES UND WEICHES HERZ KANN SICH EINEM ANDEREN ZUWENDEN.

Für die Aktion waren im hinteren und seitlichen Teil des Gottesdienstraumes drei Stationen vorbereitet worden, die alle Anwesenden nach eigenem Bedürfnis aufsuchen konnten. An jeder Station standen zwei größere Schalen: In der einen befanden sich herzförmige Eis-»Würfel«, die andere Schale war mit warmem Wasser gefüllt. Und so erlebten die Teilnehmenden: Eisherzen gleiten ins warme Wasser und schmelzen zusehends.

Diese handlungs- und erlebnisorientierte Unterstützung des Gehörten zeigte: Wenn ein Herz wärmer und weicher geworden ist, kann es sich einem anderen zuwenden. Natürlich ist diese Illustration auch außerhalb des kirchlichen Kontextes anwendbar.

Viereckenspiel

Auch das sogenannte Viereckenspiel trägt dazu bei, Verbundenheit stärker in den Blick zu nehmen. Es hilft, gemeinsame Interessen, Neigungen, Hobbys und Ähnliches aufzuspüren. Dabei werden Vorlieben sichtbar, die sich längs und quer durch die Generationen ziehen.

Ich habe dieses Spiel, das Themen aus dem alltäglichen Leben aufgreift, bereits in mehreren Seminaren in Kirchengemeinden erprobt. Dem Namen entsprechend, spielen die vier Ecken eines Raumes eine Rolle. Man braucht dafür lediglich einen relativ großen leeren Raum und die Freude und Bereitschaft der Teilnehmenden, unter denen möglichst viele Generationen vertreten sein sollten.

———

Zunächst stehen alle bunt durcheinander in der Mitte. Dann stellt die Spielleiterin eine Frage und bietet dazu vier Antwortmöglichkeiten an. Alle, die mitspielen, wählen spontan eine ihnen genehme Antwort aus und begeben sich in die Raumecke, die die Spielleiterin dafür anzeigt. Dort nehmen sie – teilweise höchst überrascht – wahr, wer sich noch dort einfindet. Sie werden angeregt, sich kurz über die Gründe ihrer Entscheidung auszutauschen.

Die Fragen können sich auf die unterschiedlichsten Lebensbereiche beziehen, auf Wünsche, Hobbys, Fähigkeiten, Neigungen. Sie können zu tieferen Gesprächen anregen oder zum Schmunzeln bringen und einfach Spaß machen. Denn eine Sache mit Humor zu betrachten, heißt ja noch lange nicht, ihren Ernst zu verkennen.

Besondere Überraschungen habe ich zu der Frage erlebt: »Was wäre dein Traumauto, wenn du dir eines aussuchen könntest?« Die vorgegebenen Antwortmöglichkeiten waren:

- BMW-Cabriolet
- Passat Variant
- Smart – der passt in jede Parklücke
- Wohnmobil

Großes Gelächter gab es in der Ecke, in der sich die Cabrioletfreunde trafen. Die 72-Jährige war erstaunt, ihren 45-jährigen Gemeindepastor dort zu treffen, und beide lachten mit der jungen Mutter, die ansonsten mit ihren Zwillingen in Kindersitzen in einem Kombi zu sehen ist.

Andere Fragen bringen die Teilnehmenden ins Gespräch über ihre jeweilige Lebenssituation, wie zum Beispiel die Frage: »Welcher Stuhl ist für dich der richtige?«

- Gartenstuhl?
- Schreibtischstuhl?
- (Fernseh-)Sessel?
- Hängematte?

Auch dabei lassen sich Gemeinsamkeiten entdecken: Wer viele Stunden des Tages am Schreibtisch oder vor den Schulbüchern verbringt, favorisiert zum Relaxen dann eher den Sessel oder die Hängematte. Möglicherweise treffen sich in dieser Ecke also Eltern und Kinder.

———

Für eine bunte Palette an Fragestellungen und originellen Antwortmöglichkeiten ist die eigene unerschöpfliche Kreativität gefragt.

Auf jeden Fall kommen Jüngere und Ältere durch das Viereckenspiel nicht nur in Kontakt, sondern auch in einen regen Austausch miteinander. Es ist eine generationenübergreifende Interaktion, bei der Herz und Kopf gleichermaßen beteiligt sind. Was hierbei aktiv geschieht, betrifft Fühlen und Denken.

Erzählungen und andere Texte

Während Spiele und handlungsorientierte Aktionen eher die Emotionen ansprechen, können Erzählungen oder andere Texte oft stärker zur Reflexion anregen. Natürlich muss das Gefühl dabei nicht außer Acht bleiben. Besonders hilfreich sind Geschichten, die Personen schildern, in denen sich der eine oder andere wiederentdecken kann.

Manchmal ist es gut, im Gespräch die verborgene Botschaft herauszufiltern. Ein anderes Mal ist es hingegen besser, den Text für sich sprechen und wirken zu lassen.

Dazugelernt

Unter diesem Titel hilft eine Geschichte, die auf Mark Twain zurückgehen soll, Sichtweisen über das Alter zu reflektieren. Darin wird von einem Siebzehnjährigen erzählt, der sich bei Mark Twain über seinen Vater beklagte. Er verstehe sich nicht mehr mit ihm, jeden Tag gäbe es Streit, der Vater sei so rückständig und hätte keinen Sinn für moderne Ideen, erklärte der junge Mann. Am liebsten würde er davonlaufen.

Mark Twain gab ihm eine überraschende Antwort. Zunächst berichtete er, dass es ihm selbst mit siebzehn Jahren genauso ergangen sei. Nicht zum Aushalten sei es mit seinem Vater gewesen, sagte er und bat den jungen Mann um Geduld mit den alten Leuten, die sich langsamer entwickeln würden.

Denn zehn Jahre später, so erzählte er weiter, habe sein Vater schon so viel dazugelernt, dass sie sich ganz vernünftig miteinander unterhalten konnten. Und schließlich – nach zehn weiteren Jahren – sei das Erstaunliche eingetreten: Wenn er keinen Rat wisse, so frage er nun seinen alten Vater. Sein Fazit lautete: »So können sich alte Leute ändern!«

WARUM NICHT MAL DAS ÜBLICHE GEDANKENGEBÄUDE AUF DEN KOPF STELLEN?

Mit scherzhaft-ironischem Unterton schlägt diese Geschichte vor: Warum nicht mal das Gedankengebäude auf den Kopf stellen? So kann sich nämlich eine völlig neue Sichtweise ergeben.

Lachgeschichten

Empfehlenswert sind auch Geschichten, in denen unerwünschte Situationen oder vermeintliche Missgeschicke im Miteinander der Generationen nicht etwa Konflikte auslösen, sondern zu etwas Positivem führen. Auch wenn die kreativen Ideen nicht unmittelbar übertragbar sind, regen sie doch dazu an, ebenfalls nach positiven Lösungen zu suchen.

Die Lachgeschichten von Ursula Wölfel sind zum Beispiel solche Texte. Schon für die Jüngsten sind sie verständlich und auch noch für die Älteren aufschlussreich.

Eine Geschichte erzählt zum Beispiel von einem Kind und seinem Großvater, die gemeinsam in einen starken Regen kamen. Sie hatten weder Schirm noch Regenkleidung dabei, aber das Kind hat nur gelacht. Sie stellten sich in einen Hauseingang, in dem auch andere Leute stehen geblieben waren. Während die Leute über den Regen schimpften, lachte das Kind weiter.

Der Regen tropfte vom Dach auf die Hutkrempe des Großvaters und vor dort auf das Kind, das nur noch mehr lachen musste. Dann fuhr ein Lastwagen vorbei und bespritzte alle Leute mit Wasser und

Schlamm. Die Leute schimpften weiter, das Kind lachte weiter, und der Großvater musste nun auch lachen. Schließlich konnten sich die Leute nicht länger ärgern, sondern mussten alle mitlachen.

Eine andere Geschichte erzählt, dass ein Kind dreißig Briefmarken und drei Rosinenbrötchen kaufen sollte. Unterwegs traf es seine Freunde und kam schließlich mit drei Briefmarken und dreißig Rosinenbrötchen nach Hause. Aber die Eltern haben gelacht, und alle konnten so viele Rosinenbrötchen essen, wie sie wollten.

Auch wenn die Geschichte in einer Zeit entstanden ist, in der noch viele Briefe geschrieben wurden, und Kinder, die im Online-Zeitalter aufgewachsen sind, sich über eine so hohe Anzahl an Briefmarken wundern mögen, ist die Botschaft übertragbar: »Wir machen das Beste daraus!«

MITEINANDER ZU LACHEN, LÖST MANCHEN KNOTEN.

Miteinander zu lachen, löst manchen Knoten und öffnet oft die Herzen füreinander. Und auf einmal ist es gar nicht mehr so schwer, miteinander weiterzugehen.

————

Manches ist zunächst leichter gesagt als getan. Aber einmal verinnerlicht und umgesetzt, kann es zur Lebensweisheit werden und das Miteinander der Generationen nachhaltig beeinflussen. Bei allem Engagement bleibt wichtig, wie es in einem Zitat eines unbekannten Verfassers heißt: »Es kann dir jemand die Tür öffnen, aber hindurchgehen musst du selbst.«

6 BEGEGNUNGEN ERMÖGLICHEN – ERLEBNISSE SCHAFFEN

Generationenübergreifend handeln, braucht:
Offene Erlebnisräume. Klare Ziele. Methoden,
die vom Begreifen zum Erfassen verhelfen. Projektinitiativen.

Vom Ereignis zum Erlebnis

»Anschauung ist das Fundament aller Erkenntnis«, hat Johann Heinrich Pestalozzi gesagt. »Kopf, Herz und Hand müssen bei Bildung und Entwicklung zusammenwirken.« Das war sein Grundanliegen. Und das ist auch 200 Jahre später noch aktuell.

Oft hilft das *Be*-Greifen im wörtlichen Sinne, um darüber hinaus die Bedeutung erfassen zu können. Das gilt für Jüngere und Ältere gleichermaßen. Auch die Förderung eines gelingenden Miteinanders der Generationen braucht Anschauung und Einfallsreichtum. Kognitiv, emotional und pragmatisch miteinander und voneinander zu lernen, bringt uns weiter. Wenn Erdachtes zu einem Erlebnis wird, wirkt es belebend. Das hat die Erlebnispädagogik schon lange erkannt.

Dass Ereignisse zu Erlebnissen werden, ist jedoch in der Regel nicht machbar. Denn es geschieht ja allein dadurch, dass aus einem Ereignis etwas Besonderes wird. Manchmal erscheint uns ein äußerlich wenig spektakuläres Geschehen als ein echtes Highlight. Ein schlichter Anruf beispielsweise kann durch eine großartige Nachricht zu einem Erlebnis werden, das lange nachwirkt.

Auch aus kreativen Interaktionen können Erlebnisse erwachsen, die nachhaltig wirken. Was es also für die Generationengemeinschaft braucht, sind Erlebnisräume: Orte, Räume und Möglichkeiten für Begegnungen.

———

Mona Kuntze, 41 Jahre alt, erläutert dazu eine originelle Idee, die sie als Teil eines generationenübergreifenden Teams für die Gestaltung eines Gottesdienstes entwickelt hat. Sie hat Pädagogik studiert, ist als selbstständige IT-Dienstleisterin tätig und Gemeindeleiterin der EFG Soest.

MONA KUNTZE ERZÄHLT: »AUS EINEM ALTEN SCHUH WÄCHST NEUES«

Wie aus einem alten Schuh etwas Neues wachsen kann, das konnten Kinder innerhalb eines Generationengottesdienstes ausprobieren: Während der Predigt bepflanzten sie Schuhe. Dabei ging es nicht um ein Upcycling als preisgünstige Beschäftigungsmöglichkeit.

Sondern unser Fokus lag auf dem Aspekt, dass aus Altem Neues erwächst. Das Thema Müll zu vermeiden, ihn auf- und wiederzuverwerten, ist es allerdings wert, separat aufgegriffen zu werden. Denn der sorgsame Umgang mit der Schöpfung ist gerade im Hinblick auf die Lebensbedingungen zukünftiger Generationen nicht zu unterschätzen.

Für unser Projekt wurden im Vorfeld alte, nicht mehr tragbare und damit nutzlose Schuhe von erwachsenen Gottesdienstbesuchern gesammelt. Die Kinder füllten die Schuhe dann mit Erde, säten Kressesamen aus und verzierten die originellen Pflanzgefäße.

Mit dieser Aktion wurde sicht-, erfahr- und erlebbar: Aus Altem erwächst so Neues. Das Alte ist das schützende und stützende Gefäß für etwas Neues. Jüngere können ihren eigenen Vorstellungen entsprechend kreativ werden, ohne das Alte zu verwerfen.

Da die Betreffenden wussten, wem der jeweilige Schuh gehört hatte, entstanden beim Präsentieren der bepflanzten Schuhe Verbindungen zwischen ehemaligen Besitzern und künftigen Nutzern. Während sich die einen wunderten, was aus ihrem alten Schuh geworden war, fragten sich die anderen, was der Schuh wohl schon alles erlebt hatte. Die einen waren bereit, Altes abzugeben und loszulassen – und die anderen ließen sich darauf ein, etwas Altes für ein neues Projekt zu verwenden.

Bei der Planung hatten wir uns entschieden, die Schuhe mit Kressesamen zu bepflanzen. Dies hat den Vorteil, dass aufgrund der kurzen Keimdauer und des schnellen Wachstums schon nach wenigen Tagen ein Erfolg sichtbar ist. So konnte bereits am darauffolgenden Sonntag von Wachstum und Veränderungen berichtet werden.

Als Erinnerung an diese Aktion könnte ein bepflanzter Schuh in der Kirche stehen bleiben. In diesem Fall wäre es ratsam, ihn mit einer langsam wachsenden Pflanze zu bepflanzen.

Das ist ein schönes Beispiel für ein Projekt, das mit relativ geringem Aufwand initiiert und durchgeführt werden kann. Die Teilnehmenden haben jede Menge Spaß dabei! Und es ist selbstverständlich nicht nur im kirchlichen, sondern auch im säkularen Bereich einsetzbar.

Projekte starten

Projekte, ob umfangreich oder überschaubar, sind stets Plattformen für Begegnungen. Weil Projekte zeitlich begrenzte Vorhaben sind, lassen sich sowohl Jüngere als auch Ältere gern darauf ein.

Und im Laufe des Projektes erleben sie: Durch gemeinsames Tun, durch Spielen, Lachen, Austauschen, Nachdenken, Unterstützen, Miteinander-Reden und Voneinander-Lernen können sie sich besser in die jeweilige Lebenssituation von Menschen aus den anderen Generationen einfühlen. Sie lernen Fähigkeiten, Kompetenzen und Neigungen anderer kennen und schätzen. Auf diese Weise kann Verständnis füreinander wachsen.

Auch weil manches vorher abgestimmt und berücksichtigt werden muss, bieten Projekte gute Voraussetzungen für generationenübergreifendes Handeln. Am wichtigsten ist das Ziel. Weil alle ein gemeinsames Ziel vor Augen haben, sind sie dabei. So kann deutlich erfahrbar werden: Das Ziel ist es, das verbindet, nicht der Stil!

Damit ein Projekt gelingt und ein gutes Miteinander erlebt werden kann, ist eine genaue Planung notwendig. Schon bei der Entscheidung, welches Projekt durchgeführt wird, sollte die größtmögliche Beteiligung aller Generationen angestrebt werden. Partizipation spielt also hierbei eine große Rolle und darf nicht nur Kosmetik sein.

Vier Schritte sind zu bedenken.

- Als Erstes ist die Frage nach dem *Bedarf* zu klären. Vorhandener Bedarf birgt eine große Chance.
- Als Nächstes stellt sich die Frage nach der *Vision*. Welche Perspektiven werden für wichtig erachtet? Hat jemand einen Vorschlag? Eine Idee kann verbunden sein mit einer besonderen Fähigkeit oder einer Ressource, die zur Verfügung gestellt werden kann.

- Wenn dann Bedarf und Vision zusammenkommen, ist es nur folgerichtig, die *Initiative* zu ergreifen und zur Tat zu schreiten. Die Vision wird real. Es kommt zur Umsetzung. Dabei dürfen am Anfang durchaus experimentelle Bemühungen stehen. Was nicht funktioniert, wird geändert. Und wenn sich etwas bewährt, wird es weiterverfolgt und gegebenenfalls weiter verbessert.
- Denn bei allem ist als vierter Schritt die *Reflexion* wichtig. Zwischendurch und vor allem am Ende eines Projekts sollten immer wieder die Fragen gestellt werden: Sind Bedarf und Vision noch relevant? Was war oder ist das beabsichtigte Ergebnis? Sobald sich der Bedarf ändert, muss sich auch die Vision und dementsprechend die Umsetzung ändern. Denn ein Projekt sollte nur so lange dauern, wie es den Bedarf abdeckt und die Vision erfüllt. Danach sollte es geändert oder beendet werden.

Tipps für die konkrete Durchführung:

- Ein Projekt braucht ein klares Ziel, unter Berücksichtigung von Bedarf und Vision.
- Es braucht Transparenz. Dazu gehören Absprachen mit anderen Gruppen und Veranstaltungen und die Berücksichtigung anderer schon vorhandener Termine.
- Die Rahmenbedingungen müssen geklärt werden. Welche Räume und Materialen werden gebraucht?
- Auch der Zeitraum sollte im Voraus abgestimmt und festgelegt werden.
- Die Vorgehensweise muss vorab genau geplant werden: Welche Methoden werden eingesetzt, was für Aktionen werden stattfinden?
- Dazu gehört auch die Klärung der Kompetenzen: Wer kann was? Wer macht was?
- Wichtig ist nicht zuletzt die Frage nach Motivation, Engagement

und Ausdauer. Wer sich zur Beteiligung entscheidet, sollte bis
zum Schluss dabeibleiben.

• Nach Beendigung des Projekts sollte in einer Evaluationsphase
ausgewertet werden: Was lief gut? Was ist verbesserungswür-
dig? Wer will sich weiter engagieren? Und anderes mehr.

Beispiel Winterspielplatz

Ein gutes Beispiel für generationenübergreifendes Handeln sind
in etlichen Kirchengemeinden Winterspielplätze. Bei kaltem und
nassem Wetter bieten diese Indoorspielplätze vor allem Kindern
im Vorschulalter die Möglichkeit für Spiel, Spaß und Begegnung.
Die Jüngsten, die noch gern auf dem Boden herumkrabbeln, die
sich bewegen und toben wollen, kommen ebenfalls auf ihre Kosten.
Unterdessen haben die Eltern bei Kaffee und Kuchen die Gelegenheit zur Begegnung und zum Austausch. Und das alles geschieht
in einer einladenden, entspannten Atmosphäre

Wenn eine Gemeinde sich entschließt, in den Wintermonaten
einen Winterspielplatz anzubieten, prüft sie zunächst den Bedarf
in der direkten Umgebung. Sollten keine Familien mit kleinen
Kindern in der Nähe wohnen, wäre kein wirklicher Bedarf vorhanden.

In der Realität ist es aber eher umgekehrt: Gemeinden sehen
durch einen hohen Bedarf eine gute Möglichkeit, sich für die Menschen in ihrem Stadtteil einzusetzen. Denn Winterspielplätze sind
oftmals eine echte Hilfe für Familien mit kleinen Kindern.

Aber auch für die Gemeinde selbst bringt ein solches Projekt
eine Bereicherung: Sowohl Jüngere als auch Ältere können auf
unterschiedliche Weise mitwirken. Weil das Projekt Winterspielplatz saisonalen Charakter hat, können sich einzelne Mitarbeiten-

de immer wieder neu entscheiden, ob sie mitmachen wollen und in welcher Intensität.

Klar sein muss aber, ob eine Gemeinde die entsprechenden Ressourcen für die Durchführung eines Winterspielplatzes bereitstellen kann. Ob die Räume, das Geld für Spielgeräte und Materialien und nicht zuletzt genügend Mitarbeitende zur Verfügung stehen. Die Aktiven brauchen eine hohe Motivation, deshalb sollte die ganze Gemeinde ihnen den Rücken stärken.

Und am Ende muss evaluiert werden, ob die Projektziele erreicht wurden, wie es den Beteiligten mit dem Winterspielplatz erging, was verbessert werden könnte und ob eine Wiederholung in der nächsten Saison angestrebt werden soll.

In vielen Gemeinden wurden Winterspielplätze zwar nicht explizit als generationenübergreifende Projekte gestartet, haben sich aber in der Praxis als solche erwiesen:

- Eltern mit kleinen Kindern engagierten sich zunächst aus einem Eigeninteresse heraus, brachten dann aber Freunde aus der Nachbarschaft oder dem Kindergarten ihrer Kinder mit.
- Großeltern engagierten sich in einer Cafeteria und halfen gemeinsam mit Teenies beim Auf- und Abbau oder beim Vorlesen von Geschichten.
- Jüngere und ältere Erwachsene boten sich als Ansprechpartner für den Spielplatzbereich an.
- Und beim Kuchenbacken wurden Rezepte quer durch die Generationen getauscht.

Mona Kuntze erläutert ihre Erfahrung mit dem Winter-spielplatzprojekt in ihrer Gemeinde:

Auch die Vorüberlegungen können schon eine Chance sein, über Generationsgrenzen hinweg ins Gespräch darüber zu kommen, was jeder und jedem wichtig ist und wie Gemeinde gesehen und verstanden wird. Bei uns kam beispielsweise die Frage auf: Darf/kann/soll der Winterspielplatz im Gottesdienstraum stattfinden? Schnell wurde klar, dass es nicht in erster Linie um Mehrheitsentscheidungen gehen kann. Sondern wir bemühten uns, die unterschiedlichen Bedürfnisse, Wünsche und Einstellungen wahrzunehmen. Und so wurde gemeinsam die bestmögliche Lösung gefunden.

Wie schön ist es dann, wenn ehemalige Skeptiker für ein Stündchen vorbeikommen und sich bei Kaffee und Kuchen an den spielenden Kindern und den munteren Gesprächen erfreuen! Für die Mitarbeitenden ist dies ein wichtiges Zeichen der Unterstützung und des Mittragens, und für die Gäste des Winterspielplatzes spiegelt dies die gelebte Generationenvielfalt in der Gemeinde.

Projektideen testen

Auch schon die Auseinandersetzung mit einer Projektidee bringt oft weiter. Eine Gemeinschaft profitiert davon, selbst wenn vor der Verwirklichung noch manche Fragen geklärt werden müssen.

Ich denke dabei an eine Gemeinde, die über die Nutzung einer überschaubaren freien Wiesenfläche nachdachte. In diesem Zusammenhang kam die Idee eines Barfuß-Sinnespfades auf.

Auf einem solchen Terrain können Jüngere und Ältere ihre Bewegungsfreude im wahrsten Sinne des Wortes »auf freiem Fuß« ausleben. Der Barfuß-Sinnespfad kann die Sinneswahrnehmung und das Koordinationsvermögen der Teilnehmenden stärken und sogar zur Gesunderhaltung der Füße beitragen. Und was ihn besonders attraktiv macht, ist: Er schafft einen Anziehungspunkt. Dieser kann wiederum mit anderen Aktionsprogrammen verbunden und so auch für die Umgebung interessant werden.

BEIM BARFUSS-SINNESPFAD SCHÄRFEN ALLE IHRE SINNE – IM MITEINANDER.

Schnell wurden die Vorüberlegungen konkret und es wurde über geeignete Materialien gesprochen: Sand, Rindenmulch, Kieselsteine, Heu und Stroh, Fichtenzapfen, Stücke von Baumrinde, Moos vom Waldboden und Herbstlaub, das so schön raschelt, wurden genannt. Aber gerade über den Detailfragen, wie viele Zapfen zum Beispiel für eine eineinhalb Meter lange Strecke gebraucht würden, trat das große Ganze ein wenig in den Hintergrund.

Die Zeit schritt voran und es wurde Winter. Das Projekt musste im wahrsten Sinne des Wortes auf Eis gelegt werden. Zunächst.

Bewährte Projekte wiederholen: Beispiel Ostergarten

Manchmal werden Projekte, die sich bewährt haben, auch gern wieder aufgegriffen. So bieten inzwischen etliche Gemeinden in den Monaten vor Ostern einen Ostergarten an. Auch der Ostergarten ist ein Projekt, bei dem alle Sinne angesprochen werden.

Dabei begeben sich die Teilnehmenden auf eine Art Zeit- und Gefühlsreise durch vorbereitete Räume, die Szenen aus den letzten Tagen Jesu darstellen. Ein Reisebegleiter in einem entsprechenden

Kostüm führt eine Gruppe in die Situation im Land Israel vor circa 2 000 Jahren ein. Er begleitet sie zu verschiedenen Stationen und lädt ein, sich auf verschiedene interaktive Elemente einzulassen.

So kann zum Beispiel in einem nachgebauten Gefängnis der Druck durch die Besatzungsmacht der Römer erahnt werden.

Oder die typischen Speisen des Passahmahls können gekostet werden: Salzwasser für die Tränen, die in Ägypten geweint wurden; Bitterkräuter als Sinnbild des Lebens im Land der Knechtschaft; Fruchtmus, das aufgrund seiner Farbe an die Lehmziegel erinnert, die die Sklaven in Ägypten herstellen mussten. So weisen die Speisen auf die Bedeutung des Mahls hin.

Auch der Garten Gethsemane ist nachgestellt und durch die Schilderung des römischen Hauptmanns werden die Teilnehmenden in die Geschehnisse am Kreuz hineingenommen.

Besonders beeindruckend ist immer der Gang durch einen dunklen Raum, der das Grab symbolisiert. Er führt in einen bunten, mit Blumen geschmückten »Auferstehungsgarten« – als Symbol für den Sieg über den Tod. Dort können dann die, die es mögen, ihre Freude darüber in einem israelischen Tanz zum Ausdruck bringen.

Wer einen Ostergarten veranstaltet, stemmt ein aufwendiges Projekt, das aber gerade bei wiederholter Durchführung auf Erfahrungswerte zurückgreifen kann. Die Mitarbeitenden kennen einander und ihre jeweiligen Stärken, und so geht dann vieles Hand in Hand, und zwar generationenübergreifend. Das macht bei aller Mühe auch viel Freude, vor allem, wenn die Besucherzahlen hoch sind.

Ich habe damit auch aus der Sicht einer Besucherin schon gute Erfahrungen gemacht. Zum ersten Mal habe ich einen Ostergarten gemeinsam mit meiner ältesten Enkeltochter in einer katholischen Kirchengemeinde in der Nähe meines Wohnortes besucht. Meine

Enkeltochter war zu der Zeit fünf Jahre alt, und wir wussten beide nicht, was auf uns zukam. Sie schaute neugierig um sich.

Am Anfang stiegen wir eine Treppe hoch, um »hinauf nach Jerusalem« zu kommen. Auf dem Treppenabsatz begegneten wir einer Eselsfigur, die den Einzug Jesu in Jerusalem veranschaulichte. Da mussten wir erst mal kurz stehen bleiben, damit meine Enkeltochter den Esel streicheln konnte.

Ein Stück weiter, in den zum Teil abgedunkelten Räumen, fasste sie etwas verunsichert meine Hand. Doch im Raum des letzten Abendmahls, der mit Kerzen und Wandbehängen eine warme Atmosphäre ausstrahlte, gefiel es ihr. Auch vom Fruchtmus hätte sie gern ein zweites Mal gekostet. An manchen Stationen zog sie mich dagegen ewas gelangweilt weiter. Für das, was dort berichtet wurde, war sie dann doch noch etwas jung.

Am intensivsten erlebten wir beide den Gang durch den Raum, der das Grab darstellte. Für einen Moment war es stockfinster. Wir mussten uns vorsichtig vortasten. Und es war ganz still, totenstill.

Aber dann wurden wir beinahe geblendet. An die Helligkeit und Buntheit des letzten Raumes mussten sich unsere Augen erst gewöhnen. Einen richtigen Frühlingsgarten nahmen wir wahr: Ein Springbrunnen plätscherte und Vogelstimmen erklangen leise, geschickt per Tonträger übermittelt. Pure Lebensfreude, ja, Auferstehungsfreude strömte auf uns ein! Da löste sich auch wieder ihre kleine Hand aus meiner. Und sie hätte dort am liebsten herumgetobt.

Haften geblieben sind von diesem Ausflug vor allem die emotionalen Eindrücke. Und als wir vor Kurzem darüber sprachen, erinnerte sich meine Enkeltochter, inzwischen erwachsen, immer noch lebhaft daran.

Viele Menschen unterschiedlichen Alters, von Schulklassen bis zu Seniorenkreisen, haben durch Ostergärten einen neuen Zugang zur Osterbotschaft gefunden und dabei gleichzeitig eine besondere Gemeinschaft erlebt.

Erlebnisse teilen

Anschauung verschafft oft ganz neue Erkenntnisse. Und Projekte und kreative Aktionen können zu Gemeinschaftserlebnissen verhelfen, bei denen Kopf, Herz und Hand beteiligt sind. Das haben große, im wahrsten Sinne des Wortes raumgreifende Projekte durchaus gemeinsam mit kleinen, sehr persönlich gestalteten.

GEMEINSAME PROJEKTE: WIR ERLEBEN ETWAS, HABEN SPASS ZUSAMMEN UND BEKOMMEN NEUE IDEEN.

Meine jüngste Enkeltochter und ich widmen uns zurzeit miteinander dem kleinen Projekt »Stricken eines Teddys«. Mal schauen, was als Nächstes kommt. Wichtig ist: Wir erleben etwas Gemeinsames, haben Spaß dabei und kommen immer wieder auf neue Ideen, die umgesetzt werden wollen.

Albert Einstein soll einmal gesagt haben: »Kreativität ist Intelligenz, die Spaß macht!«

TEIL 3

GEMEINSAM

Generationenverbindend leben hat Hand und Fuß

»EIN BOOT KOMMT NICHT VORAN, WENN JEDER AUF SEINE ART RUDERT«

AFRIKANISCHES SPRICHWORT

1 | NÄHE UND DISTANZ ERLEBEN

Generationenverbindend ist:
Bei Entfernung einander trotzdem nah sein und mit Abstand
verbunden bleiben. Verantwortung füreinander übernehmen
und gegenseitige Selbstbestimmung anerkennen.

Ein besonderes Paar

Nähe und Distanz sind wie ein Paar, das aus zwei sehr gegensätzlichen Personen besteht. Aber in einer gesunden Beziehung gehören
die beiden zusammen, sie kommen nicht voneinander los. Und das
ist gut so. Denn ohne Nähe ist keine echte Verbundenheit möglich
und ohne Distanz keine Selbstbestimmung.
Sie sind wie zwei Seiten einer Münze.

**OHNE NÄHE KEINE
VERBUNDENHEIT,
OHNE DISTANZ KEINE
SELBSTBESTIMMUNG.**

In der Großfamilie, in der ich aufgewachsen bin, habe ich sowohl Nähe als
auch Distanz kennengelernt. Neben meinen Eltern und meiner jüngeren Schwester waren Großeltern, Tante und Onkel ein
selbstverständlicher Teil meines kindlichen Alltags.

Ich erlebte Geborgenheit und was es heißt, sich aufeinander
verlassen zu können. Es wurde zusammen gefeiert, gelacht und
getrauert. Und als die Schwester meiner Großmutter schwer
erkrankte, wurde auch sie noch eine Zeit lang in die Gemeinschaft
aufgenommen und versorgt. Ein stabiles soziales Netz war das.
Zusammenhalt wurde großgeschrieben.

Als Heranwachsende erlebte ich die gut gemeinte Nähe und
Fürsorge beizeiten auch als Enge. »Hast du Oma auch Bescheid
gesagt?« und andere Aufforderungen störten meinen Selbstent-
faltungswunsch.

Es war nicht immer leicht, die Balance zu finden. Nähe wollte ich auch weiterhin gern als wohltuend erleben. Und Distanz sollte kein »böses« Wort werden und die Beziehungen belasten. Ich wollte doch einfach nur selbstständig werden. Da hatten auf einmal alle drei Generationen etwas zu lernen.

Die Älteren mussten lernen, Freiraum zu gewähren, ohne darin eine Bedrohung für die Gemeinschaft zu sehen. Und als Jüngere musste ich lernen, meine Persönlichkeit zu entwickeln, ohne das Gefühl der familiären Verbundenheit aufzugeben.

Schutz für Geborgenheit und Freiraum für Entfaltung

Das Ausloten von Nähe und Distanz braucht einen klaren Blick für beide Seiten: Wie viel Nähe gibt Geborgenheit? Und wie viel Abstand ist nötig für Entfaltung?

Dabei darf beides nicht gegeneinander ausgespielt werden. Denn beides entspringt menschlichen Urbedürfnissen. Der Säugling bringt den Wunsch nach Nähe und Geborgenheit schon mit auf die Welt. Im schützenden Mutterleib konnte er sich entwickeln.

Und weil alles Leben Entwicklung ist, ist der Wunsch nach Selbstentfaltung ebenfalls ein ganz natürliches Bedürfnis. Jeder Mensch entwickelt sich zu einem Unikat. Das gehört zum Schöpfungswillen Gottes.

Die Waagschalen von Nähe und Distanz müssen allerdings in den verschiedenen Lebensphasen unterschiedlich bestückt sein: bei einem Teenie ganz anders als bei einem Säugling. Nähe und Geborgenheit können in dieser Phase durch eine große Portion Vertrauen geschenkt werden und Freiraum durch den Verzicht auf Kontrolle.

Nähe darf nicht Umklammerung werden und Distanz nicht Gleichgültigkeit. Verbundenheit zwischen den Generationen bedeutet nicht Kongruenz. Spiegelbilder voneinander sollten nicht entstehen und diese Erwartung sollte auch niemand an das Gegenüber haben.

Original und Kopie

Mich hat dazu vor ein paar Jahren der Film »Blueprint« beeindruckt. Auch wenn es dabei um eine fiktive Geschichte geht, so ist der Film, wie auch das Buch, auf dem er beruht, das extremste Negativbeispiel, das für Nähe denkbar ist.

Blueprint, übersetzt Blaupause, meint hier die Kopie eines Menschen. Erzählt wird die Geschichte einer begnadeten Pianistin, die sich klonen lässt, als sie unheilbar erkrankt. Sie will ihr Talent weitergeben. Und so wird ihre Tochter ihr Blueprint. »Du bist mein Leben« ist die doppelbödige Botschaft der Mutter an ihre Tochter. Iris, die Mutter, findet sich sogar im Spiegelbildnamen ihrer Tochter wieder, Siri.

Zunächst erfüllt die Tochter die Erwartungen der Mutter und wird eine fleißige Klavierschülerin. Aber ihr Körper rebelliert beim ersten gemeinsamen Konzert durch heftiges Nasenbluten. Da bricht der Generationenkonflikt der fordernden Mutter und der bis dahin angepassten Tochter auf.

Und als die erwachsene Tochter dann die Wahrheit über sich und ihre Mutter erfährt, verliert sie jeden Halt und ist nur noch von dem Gedanken erfüllt: »Das Original ist meine Mutter. Ich bin nur die Kopie!« Was für ein erschreckender Gedanke! Und zum Glück nur Fiktion!

Doch auch im wirklichen Leben kann es geschehen, dass Jüngere über die Älteren definiert werden. Sie werden darauf reduziert, Tochter oder Sohn zu sein. Nicht als Original, sondern lediglich als Nachbildung werden sie gesehen. Und manchmal betrachten sie sich selbst sogar so.

Im Film bekommt die Geschichte am Ende dann doch noch eine positive Wende, und zwar durch den Mann, der die Tochter liebt. Er macht ihr deutlich: »Für mich bist du das Original und deine Mutter ist die Kopie. Denn ich habe dich, so wie du bist, zuerst kennengelernt.«

Mit Abstand betrachten

Auch in einer Generationengemeinschaft, die von großer Nähe geprägt ist, ist es gut, einander aus einer gewissen Distanz heraus zu betrachten. Das hilft, die Sicht zu weiten.

Das mag ein wenig so sein wie bei einem spätimpressionistischen Bild. Ich denke zum Beispiel an die Landschaftsdarstellungen von Paul Signac oder auch anderen Malern, die sich der Technik des Pointillismus bedient haben. Wie eine optische Täuschung können sie einem beim Betrachten erscheinen. Von Nahem sieht man nichts als Punkte und Striche, die verwirren können. Aus größerer Entfernung erkennt man jedoch ganze Farbflächen. Ich habe dabei ein bestimmtes Bild eines schönen bunten Herbstbaumes vor Augen.

Ja, etwas mit Abstand zu betrachten, hilft, das Ganze zu sehen, und nicht nur die Teile, die dicht vor Augen sind. Auch zu einem Menschen, den wir meinen gut zu kennen, sollten wir von Zeit zu Zeit eine innere Distanz gewinnen. Denn darin liegt die Chance, ihn anders wahrzunehmen. Wir verlieren ihn dadurch nicht, sondern gewinnen neue Perspektiven hinzu.

Mit dem Ausbalancieren von Nähe und Distanz ist eine große Verantwortung verbunden. Bei Eltern mit kleinen Kindern leuchtet uns das sofort ein. Aber auch erwachsene Kinder und älter werdende Eltern müssen diese Verantwortung gegenseitig wahrnehmen, indem sie Nähe und Distanz immer wieder neu austarieren. Die älteren Erwachsenen tun gut daran, ihren erwachsenen Kindern nicht ihre eigenen Vorstellungen von Sozialisation aufzuzwingen. Und die erwachsenen Kinder sollten ihren alternden Eltern das Recht auf Selbstbestimmung lassen, bis zuletzt.

Räumliche Entfernung – innere Nähe

Auch bei räumlicher Entfernung können die Generationen einander nah sein. Denn Nähe bedeutet in erster Linie Vertrauen. Das muss aber oft erst eingeübt werden. Wenn Heranwachsende das Elternhaus verlassen, um beispielsweise ihre Ausbildung in einer anderen Stadt anzutreten, so führt dies zunächst zu einer räumlichen Distanz. Die innere Nähe kann bleiben. Dies ist vor allem dann möglich, wenn die sogenannten Abnabelungsprozesse bereits dazu geführt haben, dass sich bei dem Heranwachsenden eine gewisse Selbstbestimmung entwickelt hat.

Wenn hingegen die klammernde Haltung der Eltern ein Selbstständigwerden behindert hat, wird der Auszug nicht nur die äußere, sondern auch die innere Distanz zu den Eltern vergrößern. Manchmal wird der Auszug sogar zur Flucht. Besser ist es daher, von vornherein möglichst viel Freiheit zu gewähren. So kann dann freiwillig wieder eine neue Nähe entstehen.

Im Zeitalter der digitalen Medien erschließen sich glücklicherweise viele Möglichkeiten, um auch über eine räumliche Entfernung hinweg den Kontakt zu halten. Beispielsweise für Großeltern, die weit von ihren Enkeln entfernt wohnen. Sie können ihnen per Videotelefonie vorlesen oder sich zeigen und erklären lassen, was die Kinder gebastelt haben.

So hilfreich die digitalen Medien auch sind, eines vermögen sie nicht: Um einander in den Arm zu nehmen, braucht es tatsächlich die räumliche Nähe. Daher macht geografische Nähe einiges schlicht praktikabler. Wenn Großeltern und Enkel einander häufiger sehen, können sie am Alltag der jeweils anderen Generation stärker teilhaben.

Dass eine gute Balance zwischen Distanz und Nähe etwas sehr Dynamisches ist und immer wieder neu austariert werden muss, zeigt Dagmar Lohan am Beispiel ihrer Familie. Sie ist mitten in diesem Spannungsfeld unterwegs: als Berufstätige, als Mutter, als Ehefrau, als Tochter und Schwiegertochter. Ihr Wohnort und ihr Dienstort sind Hunderte Kilometer voneinander entfernt.

Sie hat mir in einem Interview ihre Sicht- und ihre Lebensweise geschildert und Stellung dazu genommen, wie sie das Miteinander der Generationen erlebt und gestaltet. Vor allem hat sie auch erklärt, welche Bedeutung eine gute Balance zwischen Distanz und Nähe für sie hat.

IM GESPRÄCH MIT DAGMAR LOHAN

Dagmar, sag bitte zunächst etwas zu deiner Person!
Ich bin 41 Jahre alt, verheiratet und habe zwei Söhne. Wir leben als Familie im Ruhrgebiet. Ich arbeite als Referentin für den Bund Evangelisch-Freikirchlicher Gemeinden im Fachbereich Familie und Generationen.

Wie (er-)lebst du gegenwärtig deine berufliche und familiäre Situation?

Meine berufliche Situation ist oft herausfordernd, weil mein Dienstsitz und mein Lebensmittelpunkt etwa 500 Kilometer voneinander entfernt liegen. Dazu reise ich dienstlich quer durch die Bundesrepublik. Manchmal bin ich auch am Wochenende oder einige Tage am Stück unterwegs.

Damit verändert sich auch meine Rolle täglich. Mal bin ich Leiterin, mal Teilnehmerin. Ich arbeite an Prozessen und inhaltlichen Fragen. Ich muss in der Lage sein, schnell umzuschalten und mich ganz dem jeweiligen Thema zu widmen. Dabei decke ich mehrere Aufgabenbereiche ab, die alle ihre Dringlichkeiten und Anliegen haben und gut organisiert werden müssen. In meiner Familie erlebe ich Halt und Geborgenheit. Meine Familie ist für mich Heimathafen und Freiheit zugleich. Ich muss mich nicht erklären, kann aussehen, wie ich will, und reden, wie mir der Schnabel gewachsen ist. Mein Mann und meine Söhne verkörpern schonungslose Kritik und bedingungslose Annahme gleichermaßen.

Welche Bedeutung haben dabei Nähe und Distanz, im doppelten Sinne?

Ich bin dort, wo ich bin, immer ganz und gar da. Alle anderen Dinge treten dann In den Hintergrund. Wenn ich beruflich unterwegs bin, versuche ich, mich dort zu fokussieren. Ich tauche ein in das, was dort relevant ist. In der Familie ist es ganz ähnlich.

Deshalb ist es wichtig, dass ich loslasse: Wenn ich nicht zu Hause bin, laufen manche Sachen eben anders. Dann bemessen meine Söhne den Medienkonsum sehr großzügig. Ich muss damit rechnen, dass die Ordnung zu Hause leidet und einiges liegen bleibt. Es gehört leider eben auch dazu, dass ich manche Ereignisse verpasse. Und dass alles, was Regelmäßigkeit verlangt, im Grunde nicht lebbar ist.

Mein Mann arbeitet in Vollzeit und kann durch geregelte Arbeitszeiten den normalen Alltag aufrechterhalten. Wir müssen viel miteinander reden, Toleranz und Nachsicht üben, wenn es nicht reibungslos läuft. Andererseits gilt es in der Familie immer, die Bedürfnisse aller Familienmitglieder zu vereinbaren. So hat alles auch Grenzen. Wir müssen miteinander verhandeln und unsere jeweiligen Interessen vertreten.

Unsere Söhne sind ausgesprochen gut darin, meinen Mann und mich in Bezug auf Nähe und Distanz, Geben und Nehmen, Selbstständigkeit und Gemeinschaftssinn herauszufordern und uns so auf Kurs zu halten. Das ist eine große Leistung, und ich sehe, wie sie ihre Fähigkeiten in sozialer Verantwortung und mit einem gesunden Selbstbewusstsein auch in anderen Bereichen, wie Schule und Sportgruppe, einsetzen.

Würdest du gern etwas ändern? Wenn ja, was?

Meine tägliche Herausforderung ist es, auf mich selbst zu achten. Gute, professionelle Begleitung ist dabei das A und O. Ich entdecke seit einigen Monaten Stille und Einsamkeit als Kraftquelle. Mein christlicher Glaube hilft mir sehr dabei.

Wenn ich etwas verändern könnte, dann könnte ich gut auf den Leistungsdruck und die alleinige Definition von

Sinn im Leben über Arbeit und beruflichen Erfolg verzichten. Denn ich finde es grundsätzlich wichtig, dass Menschen Zeit und Freiräume haben, um kreativ und innovativ zu sein. Zeit zum Spielen, für Gemeinschaft, für die eigene Seele und das Leben an sich.

Ich kenne auch den Kampf mit dem schlechten Gewissen, das vor allem Frauen gemacht wird, weil sie mit Familie entweder beruflich nicht »belastbar« sind oder aber ihre Familie vernachlässigen, weil sie sich im Beruf engagieren. Solange hier nicht grundlegend in den Köpfen und an den Arbeitsplätzen etwas verändert wird, werden Frauen nur verlieren können, egal, was sie tun.

Wie hast du früher Distanz und Nähe im Miteinander der Generationen erlebt? Als Jugendliche im Verhältnis zu Eltern und Großeltern? Und später als Referentin für Kinder- und Jugendarbeit?

In meiner Familie hatte und habe ich immer eine große Nähe zu allen Generationen gehabt. Es gab glücklicherweise wenig Konflikte oder Krisen. Ich habe insbesondere von meinen Eltern die Möglichkeit bekommen, mich zu entwickeln, mich zu behaupten und meine Meinung kundzutun. Sicherlich liegt darin auch ein Grundstein für das, was ich heute bin und lebe.

In der Arbeit mit Kindern und Jugendlichen sind mir ältere Generationen oft wohlwollend, aber wenig interessiert gegenübergetreten: »Gut, dass es da was für Kinder/Jugendliche gibt. Wir persönlich haben ja nichts mehr damit zu tun.«

Ich spüre aber sehr deutlich, wie wichtig es ist, den Dialog und auch den Diskurs zwischen den Generationen zu fördern. Ich erlebe immer wieder, dass da, wo Menschen sich wirklich miteinander beschäftigen, Vorurteile und Konflikte keinen Nährboden mehr finden. Das gilt für Familien, Kirche und Gesellschaft gleichermaßen. Deshalb ist das, was ich beruflich tue, nämlich für das Miteinander der Generationen Impulse zu setzen, genau das, was ich auch leben will. In meiner Familie, in meiner Nachbarschaft, in meiner Kirchengemeinde und auch sonst überall. Wie wir tragfähige Gemeinschaften bilden, Verantwortung übernehmen und Hilfe finden können, das möchte ich vermitteln.

Denn wir sind aufeinander angewiesen. Und wenn wir aus diesem Angewiesensein eine tragfähige, zukunftsorientierte Haltung machen, dann haben wir eine echte Chance im Miteinander der Generationen.

Du nimmst auch ältere Menschen und ihre unterschiedliche Art zu leben wahr. Wie siehst du die Balance von Distanz und Nähe für das Älterwerden?
Was wünschst du älteren Menschen? Was brauchen sie deiner Meinung nach? Was können sie selbst beitragen?

Ich erlebe die ganze Bandbreite des Älterwerdens und kenne viele Sorgen und Nöte, die damit verbunden sind. Als große Schwierigkeiten im Alter sehe ich vor allem Einsamkeit und Bitterkeit. Andererseits gibt es auch sehr aktive und erfüllte ältere Menschen, die sich engagieren.

Ich wünsche älteren Menschen den Mut, sich immer wieder neu aufzumachen. Und die Bereitschaft, Veränderungen nicht als Störung oder Beschränkung wahrzunehmen. Unser aller Leben verändert sich ständig und oft rasend schnell. Nicht alles können wir steuern und richtig machen. Das gilt für Menschen jedes Alters.

Ich wünsche den Älteren eine hörbare Stimme, ein Leben und auch ein Sterben in Würde. Ich wünsche ihnen Selbstbewusstsein aufgrund dessen, was sie sind und was sie zum Gelingen einer Gemeinschaft beitragen können.

Wir brauchen die Erfahrungen und das Wissen der Älteren, damit wir uns weiterentwickeln können.

Was wünschst du dir für deine Zukunft, wenn deine Söhne erwachsen sind und du dich selbst auf das Älterwerden vorbereitest? Wie viel Nähe, wie viel Distanz brauchst du (aus der jetzigen Perspektive)?

Es gibt immer mal wieder Gespräche mit meinem Mann darüber, was wir einmal machen wollen, wenn wir älter sind. In erster Linie meinen wir damit die Zeit, wenn die Kinder aus dem Haus sind. Vieles muss dann wohl losgelassen und verändert werden.

Wir freuen uns darauf, nicht weil wir unser Leben jetzt als Belastung empfinden, sondern weil sich Neues ergeben wird. Ob wir noch mal umziehen, uns beruflich verändern oder unsere freie Zeit anders nutzen werden? Es macht Spaß, darüber nachzudenken. In unserem Leben wird es immer wieder um Veränderung gehen.

Körperliche Gesundheit und geistige Fitness werden zunehmend eine Rolle spielen.

Ich wünsche mir weiterhin die Nähe zu meiner Familie und den Menschen, mit denen ich lebe. Ich wünsche mir, lernfreudig und neugierig zu bleiben. Aber ich freue mich auch darauf, dass ich irgendwann wieder mehr über manche Bereiche meines Alltags bestimmen kann. Mein Bild vom Alter ist positiv. Ich kenne die Schattenseiten und Sorgen des Älterwerdens und verschließe davor nicht die Augen. Trotzdem und auch weil ich so viele ältere Menschen kenne, die ihr Leben gestalten und sich neues Land erobern, gehe ich neugierig und offen darauf zu.

Vielen Dank für deine ehrlichen Antworten und Mut machenden Impulse!

Nähe ist also keine Frage der räumlichen Entfernung. Eine gute Balance zwischen Distanz und Nähe stärkt den Zusammenhalt, in der Familie sowie in allen Beziehungen zwischen Älteren und Jüngeren, auch unabhängig von verwandtschaftlichen Zusammenhängen.

2 AUF AUGENHÖHE

Generationenverbindend ist:
Wertschätzend und partnerschaftlich miteinander umgehen.
Einander etwas zutrauen und einander akzeptieren.

Das Bild

Ein Bild sagt mehr als tausend Worte, heißt es. Für mich beschreibt die Metapher »auf Augenhöhe« die Quintessenz dessen, was generationenverbindend bedeutet. Einander etwas zutrauen, sich gegenseitig ernst nehmen, als gleichwertig und ebenbürtig betrachten und partnerschaftlich miteinander umgehen! Darum geht es. Und das ist unabhängig davon, ob mein Gegenüber ein Kind oder ein hochbetagter Mensch ist.

»Ich krieg das einfach nicht hin!« Wenn meine kleine Enkeltochter das sagt, dann hilft nichts anderes: Ich muss mich zu ihr hinunterbeugen und versuchen, das Problem gemeinsam mit ihr zu lösen – auf Augenhöhe. Denn gemeinsam geht's besser! Das verbindet!

In der Regel handelt es sich aber gar nicht um körperliche Größenunterschiede. Sie können jedoch helfen, von der wörtlichen Bedeutung zur Übertragung zu gelangen. Denn manchmal müssen wir uns auch im übertragenen Sinne hinunterbeugen, um auf Augenhöhe zu kommen.

Die Haltung

Es geht um die Haltung, die sich im Bild verbirgt. Um einander nahezukommen, darf der Abstand nicht zu groß sein. Aber leider sind Menschen oft innerlich oder äußerlich weit voneinander entfernt. Und gerade das wirkt sich eben nicht verbindend, sondern trennend auf das Miteinander der Generationen aus.

Zwar heißt es kaum noch wie früher: »Solange du deine Füße unter meinen Tisch stellst …!« Doch die Haltung, dass Ältere Jüngeren keine eigene Entscheidungskompetenz zutrauen, sie bevormunden oder ungefragt mit Ratschlägen langweilen, die gibt es noch.

Und auch das andere ist leider noch Realität: Wenn eine Pflegekraft zum Beispiel einen älteren Menschen fragt: »Hat uns das Essen geschmeckt? Wie geht's uns denn heute?«, so ist das kein Umgang auf Augenhöhe. Herabwürdigend ist das. Und es sind nicht nur die sehr alten Menschen, die sich oftmals entmündigend behandelt fühlen. Manchmal haben auch agile Ältere den Eindruck, dass sie belächelt werden, wenn sie sich äußern.

»Auf Augenhöhe« meint, wertschätzend miteinander umzugehen. Die Würde des anderen und das Recht auf Selbstbestimmung zu achten. Und zwar grundsätzlich und stets unabhängig von den individuellen Lebensmöglichkeiten, von Einschränkungen, Herkunft, Geschlecht und Alter.

DAS ZIEL: »AUF AUGENHÖHE«, ALSO WERTSCHÄTZEND MITEINANDER UMZUGEHEN.

»Auf Augenhöhe« braucht Reife und Reflexionsvermögen. Wenn die verschiedenen Generationen auf Augenhöhe miteinander unterwegs sind, bleiben sie in einem ständigen Prozess, in dem sie miteinander und voneinander lernen.

»Auf Augenhöhe« als Haltung und Lebenseinstellung ist etwas Dynamisches und braucht gegenseitige Förderung und Begleitung. Die Generationen sollen sich gegenseitig stützen und schützen, fördern und fordern.

Erfahrbar ist diese Haltung in kleineren oder auch größeren, alltäglichen oder auch besonderen Erlebnissen und Aktionen. Generationenverbindend wirkt, wofür wir sensibel geworden sind und was wir generationenübergreifend miteinander erlebt, gestaltet, erarbeitet haben. Das gilt für persönliche Beziehungen zwischen den Generationen und auch für größere Gemeinschaften.

Auf Augenhöhe in persönlichen Beziehungen

Gemeinsame Interessen, Neigungen, Fähigkeiten, Hobbys
Verbindend wirkt, was im Ansatz schon vorhanden ist. Denn darauf kann aufgebaut oder es können Gemeinsamkeiten ausgebaut werden.

Ich habe zum Beispiel eine Zeit lang gern mit meiner Tochter Musik gemacht. Sie hat Flöte gespielt und ich Klavier. Das hat Verbundenheit geschaffen und den partnerschaftlichen Umgang miteinander unterstützt. Denn beim Musizieren ist es ja egal, wer der anderen sagt, dass sie die Pause nicht eingehalten habe und beim nächsten Mal den Taktwechsel sofort beachten solle. Erst vor Kurzem haben wir dieses gemeinsame Hobby wieder aufgenommen, nachdem wir mehrere Jahre pausiert hatten. Und nun erfreuen wir uns wieder daran.

Auch gemeinsame sportliche Aktivitäten können generationenverbindende Elemente sein. In unserer Familie waren dies eine Zeit lang das Tennisspielen und das Skilaufen. Bei beiden Aktivitäten haben wir natürlich auch persönliche Grenzen wahrgenommen: Nicht jeder konnte beim Skilaufen alle schwarzen Abfahrten nehmen. Aber gerade diese Unterschiede haben uns zu gegenseitiger Toleranz und Unterstützung angeregt. An steilen Stellen aufeinander zu achten und zu warten, war für uns eine Selbstverständlichkeit.

Es gibt auch Beispiele außerhalb des familiären Umfeldes: Mein Mann hat sich im letzten Sommer gelegentlich zum Segeln mit einem Zwanzigjährigen aus unserem Bekanntenkreis getroffen.

Gemeinsam haben sie die zum Teil starken Fallwinde des in unserer Nähe gelegenen Möhnesees erlebt und viel Spaß dabei gehabt.

Meinungen austauschen

Ein starkes verbindendes Element kann der Austausch über das Zeitgeschehen, über Bücher, Filme, Politik und über den Glauben sein.

Schon gegenseitige Buchtipps bringen die Generationen einander näher. Jüngere und Ältere erfahren, wie die anderen denken und fühlen und welche Sichtweisen sie zu aktuellen Fragen entwickeln. Das führt zum Aufspüren gemeinsamer Inhalte und Werte. Und das verbindet nicht nur äußerlich, sondern auch innerlich.

Dabei darf es durchaus auch mal zu Diskussionen mit kontroversen Standpunkten kommen. Ich erinnere mich, heute eher schmunzelnd, an lebhafte Gespräche mit meinem Vater über die sogenannte moderne Theologie. Was ich in meinem Studium gelernt und reflektiert hatte, passte so wenig zu dem, was er in manchen Büchern zur Auslegung der Bibel gelesen hatte. In vielem kamen wir nicht wirklich überein.

Aber in einem Punkt waren wir uns dann schließlich doch einig: Verbundenheit sollte erhalten bleiben. Verschiedene Sichtweisen sollten uns nicht wirklich trennen. Wir wollten einander den Glauben glauben und ihn uns nicht wegen unterschiedlicher Erkenntnisse gegenseitig absprechen.

Dabei habe ich etwas gelernt, was mir bis heute wichtig ist, nämlich die Freude am Argumentieren von missionarischem Eifer und Überredungskunst zu unterscheiden. Auf Augenhöhe miteinander zu reden und zu diskutieren, bringt alle Beteiligten weiter, egal, wie alt oder jung sie sind.

Deshalb müssen Diskussionen über Themen, die zurzeit aktuell sind, nicht gescheut werden. Heute bietet der Umgang mit Flüchtlingen oder die gleichgeschlechtliche Ehe für manche reichlich kontroversen Gesprächsstoff. Doch es lohnt sich, sich darüber auszutauschen, wenn alle im Gegenüber einen Gesprächspartner, eine Freundin oder einfach einen wertvollen Menschen sehen statt einen Gegner oder eine Gegnerin.

Ich nehme immer wieder, manchmal ein wenig erstaunt, aber vor allem erfreut wahr, dass es gerade bei kontroversen Themen Sichtweisen gibt, die sowohl Jüngere als auch Ältere teilen. Menschen, die ein Herz haben für die, die diskriminiert werden, sind in allen Generationen zu finden. Und umgekehrt leider auch.

Gemeinsame Werte und Ziele zu haben, verbindet. Und diese Gemeinsamkeiten können herausgefunden werden, wenn die Generationen einander partnerschaftlich begegnen. Warum also nicht mal zusammen einen Test im Internet machen, wenn die Wahl zum Bundestag oder Landtag ansteht? Über das jeweilige Wahlverhalten ins Gespräch zu kommen, ist dann wirklich interessant.

GEMEINSAME WERTE UND ZIELE VERBINDEN.

Da müssen alle eine Menge von sich preisgeben und Stellung beziehen: Wie stehe ich zur Globalisierung, zum Umweltschutz, zum Einsatz der Bundeswehr und anderen Themen? Sich dazu offen zu äußern, ist gut. Denn Offenheit schafft Verbundenheit. Ich habe das vor einiger Zeit mal mit meinem Sohn gemacht. Eine interessante Erfahrung war das!

Auch Filme können gute Gesprächsanlässe bieten, das haben wir als Familie bereits in unterschiedlichen Zusammensetzungen erlebt. Mit »Schindlers Liste« und »Der Untergang« haben wir uns beispielsweise gemeinsam mit der erschütterndsten Zeit der deutschen Geschichte auseinandergesetzt.

»Auf Augenhöhe« – ein Filmtipp

Es gibt einen Film aus dem Jahr 2016, der Kinder bis Hochbetagte ansprechen dürfte und deshalb eine gute Wahl für einen generationenübergreifenden Filmabend sein könnte. Interessanterweise trägt er den Titel »Auf Augenhöhe« und entspricht ihm im doppelten Sinne.

Denn es geht um eine ungewöhnliche Vater-Sohn-Beziehung. Ein Junge, der seinen Vater noch nicht kennt, malt ihn sich in den schönsten Farben aus und begibt sich auf die Suche nach ihm. Als er ihn dann kennenlernt, entspricht er so gar nicht seinem Wunschbild. Denn er ist kleinwüchsig und wird von anderen verspottet.

Die Annäherung zwischen Vater und Sohn verläuft langsam, aber zunehmend warmherziger. Die anfängliche Zurückhaltung des Sohnes weicht der Erkenntnis, dass Menschen nicht nach Äußerlichkeiten bewertet werden sollten. Der Film zeigt also, worauf es im Leben ankommt und was wirklich verbindet. Er ist ein Plädoyer für Toleranz und Achtung, das sich auch auf andere Bereiche, wo gegen Ablehnung und Diskriminierung gekämpft wird, übertragen lässt.

»Auf Augenhöhe« – das Seminar

In meiner Kirche ist »Auf Augenhöhe« eine Art Label geworden für das Miteinander der Generationen. Verschiedene Angebote machen auf die Relevanz einer gelingenden Generationengemeinschaft aufmerksam. Mit Schulungen, Seminaren, Freizeitangeboten und anderem mehr fördern, fordern und unterstützen wir die Chancen und Potenziale einer gelingenden Generationengemeinschaft.

Mal geschieht das stärker kognitiv, mal eher pragmatisch und mal erlebnisorientiert. Aber immer sind alle Teilnehmenden auch emotional beteiligt. Das Miteinander der Generationen wird ganzheitlich erfahren.

Für ein Tagesseminar wurden verschiedene Einheiten konzipiert. Inhaltlich geht es unter anderem um den demografischen Wandel, um Basics zur Entwicklungspsychologie, um den Umgang mit Widerständen und um die Frage, wie generationenverbindende Projekte initiiert werden können.

Methodisch werden abwechselnd theoretische Inputs und handlungsorientierte Elemente angeboten und die Teilnehmenden auf freiwilliger Basis in den Lernprozess einbezogen.

»Herz-Generationen-Bilder«

Auch für die theoretischen Teile gibt es interessantes Anschauungsmaterial. Zwölf »Herz-Generationen-Bilder« helfen zum Beispiel, der Vielfalt der Generationen im wahrsten Sinne des Wortes Gesichter zu geben. Dafür werden Porträtfotos von Babys bis zu Hochbetagten in DIN-A4-Größe ausgedruckt, laminiert und in Herzform ausgeschnitten. Die Herzform wird in der Regel nicht thematisiert, sondern dient als nonverbales Signal der Verbundenheit.

Zunächst liegen die Bilder ungeordnet auf dem Boden. Aufgabe ist es, sie altersaufsteigend zu sortieren. Bei den mittleren Generationen ist das nicht immer eindeutig: »Ist der wohl vierzig?« – »Gehört sie zu den Fünfzigjährigen?« Und bei den älteren Generationen ist damit oft ein Staunen verbunden: »So viele sind das!? Wie unterschiedlich die doch sind!« Und schon ist auch der demografische Wandel anschaulich geworden.

Anhand der Bilder ist es dann auch möglich, die aktuelle Altersstruktur der Gemeinde darstellen zu lassen: Zu welcher Generation gehören besonders viele Menschen? Wo sind Lücken?

Und bei Bedarf kann sich die spannende Frage anschließen: Wie wird die Altersstruktur voraussichtlich in zehn Jahren aussehen? Und wie wollen wir damit umgehen?

Übertragbar ist dies natürlich auch auf andere Institutionen, Vereine und Verbände.

Kreativ-Aktionen

Neben den etwas kopflastigen Teilen gibt es auch immer eine Kreativ-Aktion: »Mein Traum von einer gelingenden Generationengemeinschaft«. Da kann dann in gemischten Gruppen den Wünschen, Erwartungen und Hoffnungen freier Lauf gelassen werden. Verschiedene methodische Zugänge werden angeboten und Materialien dafür bereitgestellt. Malen, schreiben, Collagen erstellen – vieles ist möglich.

Erstaunlich ist immer wieder, dass gerade die, die vorher behauptet haben: »Ich bin überhaupt nicht kreativ und malen kann ich schon gar nicht!«, ihre Fähigkeiten entdecken und einbringen.

Ich denke da zum Beispiel an eine Gruppe, in der sich hauptsächlich junge und alte Erwachsene zusammengefunden hatten, die mittleren Erwachsenen so um die fünfzig fehlten. Aus Pfeifenputzern, Knöpfen und Stoffresten erstellten sie ein eindrucksvolles Wandbild. Beim Gestalten kamen sie ins Gespräch über ihre zum Teil sehr unterschiedlichen Perspektiven. Sie machten sich aber auch die Gemeinsamkeiten bewusst, die sie dann sehr kreativ darstellten. Dabei hatten sie viel Spaß.

In einer anderen Veranstaltung entstand unter einem großen Regenbogen ein Kreisverkehr mit mehreren Aus- und Einfahrten, die alle in den Regenbogen mündeten. An dieser Aktion hatten Kinder, junge und mittlere Erwachsene Anteil. Die Regenbogenfarben waren beschriftet mit Begriffen, die die Teilnehmenden mit einer gelingenden Generationengemeinschaft verbanden:

- Verständnis
- Interesse
- Gemeinschaft

- Zusammenhalt
- Aufeinander zugehen
- Voneinander lernen
- Zugeständnisse machen
- Kontakte pflegen
- Ausprobieren und prüfen, was funktioniert
- Miteinander träumen
- Aufgaben teilen

Die einzelnen Straßen, die aus dem Kreisverkehr heraus oder in ihn hineinführten, standen für Wege zueinander, die immer wieder neu gegangen werden müssen. Als die betreffende Gruppe ihr Werk vorstellte, hob sie hervor, dass eine gute Generationengemeinschaft viel Flexibilität braucht und in Bewegung bleiben muss. Der Kreisverkehr kann und sollte zu Richtungsänderung führen und muss deshalb immer mal wieder angesteuert, aber auch wieder verlassen werden.

Der Regenbogen war nicht nur wegen der schönen Farben gewählt worden, sondern er sollte ein Symbol für die Chance eines neuen Anfangs sein. Vergangenes sollte zurückbleiben und Güte und Hoffnung sollten wegweisend für die gemeinsame Zukunft sein. So, wie es die alttestamentliche Geschichte von Noah und seiner Familie erzählt. Darin heißt es, dass Noah und seine Familie in den Himmel schauten und in dem Regenbogen, den sie sahen, eine Bestätigung für Gottes nie versiegende Barmherzigkeit und Treue wahrnahmen.

Gerade in Kreativ-Aktionen kann man erleben: Jüngere werden mutig und bringen ihre Vorstellungen ein, und Älteren fällt es leicht, sie anzuhören, zu akzeptieren und dann gemeinsam mit den Jüngeren weiterzudenken. Anfänglich mag dabei eine Rolle spielen, dass die Jüngeren oft weniger Hemmungen haben, sich kreativ zu äußern. Dies gleicht sich aber aus, sobald sich auch die Älteren ihrer zum Teil verborgenen Talente erinnern.

Hilfreiche Empfehlungen

Auf Augenhöhe miteinander umzugehen, einander zu achten und nicht zu ächten, ist keine neuzeitliche Idee.

Schon der Apostel Paulus hat sich für gegenseitige Wertschätzung der Generationen eingesetzt. In einem Brief an seinen jungen Freund und Kollegen Timotheus hat er geschrieben: »Niemand soll dich wegen deiner Jugend gering schätzen« (1. Timotheus 4,12). Sicher war diese Ermutigung notwendig. Denn auch damals gab es wohl schon gestandene Leute, die diesen jungen Burschen nicht ernst nahmen.

Aber auch auf das andere weist Paulus seinen Schützling in demselben Brief hin: »Einen älteren Mann sollst du nicht grob behandeln, sondern ihm zureden wie einem Vater. Mit jüngeren Männern rede wie mit Brüdern« (1. Timotheus 5,1).

DER SCHLÜSSEL FÜR EINEN UMGANG AUF AUGENHÖHE IST, EINANDER ZU AKZEPTIEREN.

Einander akzeptieren und wertschätzen ist der Schlüssel für einen Umgang auf Augenhöhe. Wenn wir neugierig aufeinander bleiben und uns immer wieder überraschen lassen, ist es gar nicht so anstrengend, mit Angehörigen einer anderen Generation gut auszukommen. Dies gilt sowohl im persönlichen Bereich als auch in Gemeinden, Vereinen, Verbänden …

»Ich bin in meiner Jugend mit alten Leuten umgegangen und gehe in meinem Alter mit jungen um. Das ist die Weise, wie der Mensch möglichst behaglich durch die Welt kommen mag«, hat der Schriftsteller Wilhelm Raabe schon vor über hundert Jahren festgestellt. Doch dieser Rat ist auch heute noch aktuell und wir sollten ihn beherzigen.

3 BRÜCKEN BAUEN

Generationenverbindend ist:
Eine tragfähige Gemeinschaft aus einer Haltung innerer
Verbundenheit heraus entwickeln. Mit großen und kleinen
Initiativen einander beistehen. Isolation überwinden
und Gemeinschaft im Alltag ermöglichen. Alternative
Baumaßnahmen kennenlernen und nutzen.

Ohne Brücke keine Verbindung

Einer meiner Onkel hat während seiner ganzen beruflichen Phase
in einer Firma für Brückenbau gearbeitet. Er war stolz darauf, noch
an der Errichtung genieteter Brücken beteiligt gewesen zu sein,
und sagte gern: »Wer kann das heute noch!« Er interessierte sich
allerdings auch für die modernen Konstruktionen und staunte, was
sich so alles im Laufe der Zeit verändert hatte. An einigen Stellen
habe er dazu beitragen können, den Weg frei zu machen, meinte
er zufrieden.

Und dazu dienen Brücken schließlich: Sie sind Bauwerke zur
Überquerung von Hindernissen. Gerade deshalb sind Brücken
auch so gut geeignet, Verbundenheit zwischen den Generationen
zu veranschaulichen. Denn eines ist von vornherein klar: Ohne
Brücke gibt es keine Verbindung!

Manchmal überspannt eine Brücke einen großen, breiten Fluss
und wird so zum Sinnbild für einen weiten Weg, den die Generationen zueinander zurücklegen müssen. Manchmal führt der Weg auf
der anderen Seite der Brücke auf einen Berg, wie auch das Bemühen um ein gutes Miteinander wie ein Berg vor einem liegen kann.

Und für manche Brücken muss man schwindelfrei und mutig sein, weil die Schlucht darunter tief und die Brücke selbst

außerdem noch wackelig ist. In ähnlicher Weise erfordert es gelegentlich Mut, Schritte auf die anderen Generationen zuzugehen. Aber dafür eröffnen sich gerade auf einer sehr hohen Brücke herrliche Aussichten. Wenn Schwierigkeiten überwunden sind, kann auch die Generationengemeinschaft umso bereichernder werden.

ZUM GLÜCK GIBT ES AUCH WIDERSTANDSFÄHIGE BRÜCKEN ZWISCHEN ÄLTEREN UND JÜNGEREN.

Zum Glück gibt es auch feste, stabile Brücken, die signalisieren können: Auch das Miteinander von Älteren und Jüngeren kann als stabil und widerstandsfähig erlebt werden.

Wenn wir uns zu diesem Thema Gedanken machen, sollten wir zunächst ehrlich sein und nichts beschönigen. Dies kann dann aber zu einer Zukunftsperspektive führen, in der Tragfähigkeit eine sehr wichtige Komponente ist. Wie beim realen Brückenbau ist auch bei Verbindungen zwischen Menschen auf Material und Bauweise zu achten. Es sind Veränderungen und Fortschritt zu berücksichtigen.

Manchmal hilft es, sich zu erinnern, wie früher Zusammenhalt erlebt und gestaltet wurde – insbesondere in ländlichen Gegenden, wo mehrere Generationen unter einem Dach lebten. Das hatte manche Vorteile. Aber auch hier passt der Satz meines Onkels: »Wer kann das heute noch!«

Und es gilt, ebenso wie er interessiert nach vorn zu schauen: Wie können heute durch Wohlwollen und Nachsicht Brücken zwischen verschiedenen Menschen gebaut werden? Wie kommunizieren wir miteinander? Was wirkt ermutigend und was verletzend?

Damals wie heute braucht es die Bereitschaft, die Arbeit am Bau aufzunehmen. Dann können ganz unterschiedliche Brücken entstehen. Auch solche, die erst bei näherem Hinschauen sichtbar werden.

Ich denke hier an die Großmutter meines Mannes, die ihn in jungen Jahren auch immer mal ein wenig finanziell unterstützt hat. Auch das kann eine Brücke sein. Ein Tassenservice, das wir mit ihrer Unterstützung gekauft haben, nutzen wir noch heute und denken dabei gern an sie.

Oder ich denke an ein Paar, das sein Enkelkind großgezogen hat, damit die jungen Eltern weiterstudieren konnten. Und schließlich denke ich an meine Eltern, Großeltern und Tante und Onkel, die ein gemeinsames Haus gebaut haben, in dem dann drei Generationen wohnten.

Brückenbau zum Wohle der Generationen kann ganz unterschiedlich aussehen. Brücken, die eher im übertragenen Sinne gebaut werden, sind oft weniger sichtbar. Aber auch reale Bauprojekte können dazu beitragen, Generationen zu verbinden.

Seit vielen Jahren engagiert sich dafür der Architekt Gustav Kannwischer aus Bad Kreuznach. Seine Mehrgenerationen-Wohnanlagen sind inzwischen bundesweit bekannt. Sein WohnArt-Projekt in Bad Kreuznach wurde sogar von Bundeskanzlerin Angela Merkel besichtigt. In einem Interview schildert er sein Anliegen, die Besonderheiten und auch Schwierigkeiten.

IM GESPRÄCH MIT GUSTAV KANNWISCHER ÜBER MEHRGENERATIONEN-WOHNANLAGEN

Herr Kannwischer, sagen Sie bitte zunächst etwas zu Ihrer Person und zu Ihren beruflichen Projekten!
Ich bin 65 Jahre und glücklich verheiratet mit Simone. Wir haben zwei Kinder und bereits fünf Enkel. Ich bin schon seit 1978 selbstständiger Architekt, also rund vierzig Jahre. Von Anfang an war ich zum großen Teil auch im kirchlichen Raum tätig. Ich habe mit meinen Mitarbeitern über siebzig kirchliche Gemeindezentren unterschiedlichster Art in ganz Deutschland geplant und gebaut, außerdem viele andere Projekte in diesem Bereich, wie Altenpflegeheime, Kindergärten, Tagungsstätten u. a. m.

Darüber hinaus habe ich auch viele kleine Projekte realisiert: Wohnhäuser u. Ä. oder Innenraumgestaltungen. Neben Neubauten ging es auch um Sanierungen oder Erweiterungen. Insgesamt sind es in diesem Bereich ca. 500 verwirklichte Projekte – in der Summe also wie ein kleines Dorf mit 2500 Einwohnern.

Ich bin auch heute noch aktiv, wenngleich sich mein Tätigkeitsbereich mehr auf den kreativen Bereich mit Projektstudien und Projektentwicklungen verlagert hat, einschließlich Genehmigungsplanungen sowie Beratungen. Ich mache auch Konzeptstudien zur Prüfung größerer Grundstücke, um zu untersuchen, was baulich möglich und sinnvoll ist. Außerdem biete ich Beratungen bei Kaufabsichten an, um zum Beispiel zu klären, was im Hinblick auf die gewünschten Nutzungen noch zu investieren ist.

Nach wie vor bestehen meine Auftraggeber zum großen Teil aus Kirchengemeinden, Gruppen und Einzelpersonen, die nach ethischen Grundsätzen leben.

Ich selbst bin seit Jahrzehnten Mitglied der Evangelisch-Freikirchlichen Gemeinde Bad Kreuznach, wo ich lange Zeit Leiter war. Dadurch habe ich auch viele übergemeindliche Kontakte und bin in städtischen sowie Architekten-Arbeitsgruppen aktiv.

Wie lange beschäftigen Sie sich schon mit Mehrgenerationen-Wohnanlagen? Und was haben Sie realisiert?

Damit beschäftige ich mich schon seit über zehn Jahren, wobei es sich nicht nur um die bauliche Seite handelt. Ich habe die ersten Projektgruppen auch im Vorfeld beraten und sie zum Beispiel bei der Genossenschaftsgründung begleitet.

Bisher habe ich fünf Mehrgenerationen-Wohnanlagen mit je zehn bis zwanzig Wohneinheiten gebaut, und mehrere sind in der Vorplanung bzw. Beratungsphase. Es handelt sich hierbei um Genossenschafts-Wohnprojekte, Eigentumswohnanlagen und eine Wohnanlage, die ein Investor baut, um die Wohnungen dann günstig zu vermieten.

Meine Tätigkeit erstreckt sich bei diesen Projekten nicht nur auf die reinen Architektenaufgaben, sondern ich berate die Gruppen, wo immer es nötig ist.

Ist eine Mehrgenerationen-Wohnanlage etwas anders als ein Mehrgenerationenhaus? Was ist der Unterschied?

In einem Mehrgenerationenhaus werden Möglichkeiten der Begegnung zwischen den Generationen und gemeinsame Beschäftigungen, oft mit einer fachlichen Betreuung, angeboten, und zwar nur tagsüber. Die Häuser werden in der Regel durch kommunale oder kirchliche Träger betrieben.

Eine Mehrgenerationen-Wohnanlage besteht aus verschieden großen Wohnungen für unterschiedliche Menschen aus mehreren Generationen, also für Familien mit Kindern, alleinstehende Ältere, Ehepartner, Singles, Behinderte und Nichtbehinderte.

Für alle gibt es dabei gemeinsame bauliche Einrichtungen, wie Büros, Gästezimmer oder Gemeinschaftsräume. Aber jeder hat seine eigene Wohnung. Technische Elemente werden gemeinsam genutzt, Freiflächen zusammen gestaltet und anderes mehr.

Welche Vision steht hinter einer Mehrgenerationen-Wohnanlage?

Es steht die Vision dahinter, gemeinsam zu wohnen, ohne eine Wohngemeinschaft im Sinne einer Kommune bilden zu müssen. Da es die herkömmliche familiäre Großfamilie bei uns nicht mehr gibt, müssen neue Möglichkeiten des Zusammenlebens gefunden werden.

Es geht darum, kostengünstig zu wohnen, aufeinander zu achten, sich im alltäglichen Leben gegenseitig zu unterstützen und technische und bauliche Elemente gemeinsam zu nutzen. Letztlich stellt dies einen neuzeitlichen Generationenverband dar.

Wie hoch ist das öffentliche Interesse daran?

Das öffentliche Interesse ist sehr groß, und die Projekte werden auch von politischer Seite, zumindest ideell, stark gefördert. Das ist dadurch begründet, dass letztlich das Sozialsystem und damit die öffentlichen Finanzen durch solche Wohnformen entlastet werden. Außerdem habe ich die Erfahrung gemacht, dass die Kommunen gern solche Anlagen als Vorzeige-Projekte präsentieren.

Aber auch allgemein ist das Interesse groß, besonders bei älteren Menschen. Viele können im Alter nicht mehr ihre Eigenheime bewohnen, weil diese nicht barrierefrei sind und die Kinder längst aus dem Haus sind. Da die Gebäude außerdem saniert werden müssten, sind sie letztlich für diese Altersgruppe eine Last.

Bei jungen Familien ist das Interesse vor allem in den größeren Städten gegeben, wo Wohnraum knapp und teuer ist. Außerdem erhoffen sich berufstätige Eltern eine, zumindest zeitweise, Unterstützung bei der Betreuung ihrer Kinder.

Wie entsteht ein solches Projekt? Was ist organisatorisch zu beachten?

Dafür braucht es eine Gruppe von Personen, die gemeinsam wohnen wollen und ähnliche Lebensvisionen haben. Eine kirchliche Gemeinde ist ein hervorragendes Umfeld, in dem sich eine Initiativgruppe bilden kann, weil hier schon eine gemeinsame Basis gegeben ist (die andere oft erst erarbeiten müssen).

Aus einer Startgruppe wird später eine Planungsgruppe. Danach folgt eine Baugruppe und zum Schluss wird es eine Wohngruppe.

Sobald sich eine Gruppe gefunden hat und es um ein Grundstück geht, sollte eine Fachberatung, also ein Architekt, eingebunden werden, der dann den Prozess weiter begleitet. Später müssen gegebenenfalls auch Finanzberater konsultiert werden, sofern nicht in der Gruppe schon kompetente Leute vorhanden sind.

Die Gruppe kann sich während des Prozesses noch ändern; es können Personen abspringen oder neue dazukommmen. Aber die Gesamtgröße der vorgesehenen Anlage sollte frühzeitig klar definiert sein, damit keine unterschiedlichen Vorstellungen bestehen. Ich halte die Größenordnung einer Wohnanlage mit zehn bis zwanzig Wohnungen für sinnvoll. So können dort insgesamt zwanzig bis fünfzig Personen leben.

Sind es zu wenige Wohneinheiten, werden die Kosten für die Einzelnen zu hoch, und bei einer zu großen Anlage ist keine Gemeinschaft mehr möglich. Für eine Anlage in der genannten Größe sollte die Startgruppe aus mindestens fünf Personen bestehen.

Eine Wohnanlage kann als Wohngenossenschaftsmodell, als Eigentumswohnanlage oder mit einem Investor, der die Wohnungen baut und später an die Gemeinschaft vermietet, erstellt werden. Die juristische Form ist von der sich bildenden Gruppe und den vor Ort gegebenen Möglichkeiten abhängig.

Was ist baulich wichtig bzw. was sind die baulichen Besonderheiten?

Das Projekt sollte hochwertig geplant und gebaut sein, mit hohem energetischem Standard, natürlich barrierefrei, rollstuhlgerecht und flexibel, sodass etwa innere Trennwände mit wenig Aufwand verändert werden können, falls zum Beispiel aus einer großen Wohnung zwei kleine gemacht werden sollen. Dazu sind natürlich die sanitären Einrichtungen, Eingänge, Balkone u. Ä. von Anfang an entsprechend zu planen.

Meine Erfahrung ist: Durch einen hochwertigen Standard werden sich kaum Leerstände ergeben. Wichtig ist meines Erachtens auch, dass alle Wohnungen gleichwertig und süd-west-orientiert sind, die Balkone gegeneinander abgegrenzt sind und jede Wohnung, auch die kleinste, von außen zum Beispiel über breite Laubengänge erschlossen ist, wie bei einem eigenen Haus. Die Wohnanlagen müssen auch genügend große Gemeinschaftsräume und am besten sogar ein Gäste-Apartment haben.

Eine ökologische und naturnahe Bauweise halte ich ebenfalls für sinnvoll, was sich zum Beispiel darin äußert, dass ökologische Baumaterialien zu bevorzugen sind, Regenwasser und Solarenergie genutzt und vorhandene Bäume erhalten werden, um nur einige Punkte zu nennen.

Welche Chancen bietet eine Mehrgenerationen-Wohnanlage?

Neben den finanziellen und wohnungstechnischen Vorteilen hat man hier die Chance auf ein gemeinsames Leben, ohne dass man alles gemeinsam machen muss. Besonders für alleinstehende und ältere Menschen bietet so eine Anlage ein Leben in Geborgenheit: Gemeinsamkeit statt Einsamkeit. Und ein Leben ohne Barrieren. Es besteht die Möglichkeit, dass man füreinander mit einkauft, mit kocht, mit denkt. Man kann sich umeinander kümmern, einen aufmerksamen Blick auf die anderen haben.

Frank Schirrmacher hat gesagt: »Familien sind die einzige Organisation, die lebenslang wissen will, wo man ist, um retten zu können, wenn Gefahr droht.« Und so eine Wohngemeinschaft ist die neue (Groß-)Familie.

Hier können sich Interessengruppen bilden, die ihre Freizeit gemeinsam gestalten möchten: Theater-, Spiel-, Kino-, Werk-, Fahrradgruppen und vieles mehr.

Insgesamt gesehen, ist das Wohnen in einer Mehrgenerationen-Wohnanlage eine Möglichkeit, in der Nachhaltigkeit umfassend in die Praxis umgesetzt wird: Ökologie, Ökonomie und soziale Beziehungen werden gefördert, was ausgesprochen christlich ist.

Gibt es auch Probleme?

Probleme kann es schon am Anfang der Gruppenbildung geben, wenn die Gruppe immer kleiner wird, weil einige abspringen, oder sich zu wenige finden, damit ein Projekt gestemmt werden kann. Dazu ist eine gute Öffentlichkeitsarbeit wichtig.

Oder man bekommt keine Mischung aus mehreren Generationen zusammen. Dann kann es aber trotzdem sinnvoll sein, eine Anlage mit nur zwei Generationen, zum Beispiel der 45- bis 65-Jährigen und der über 65-Jährigen, zu bilden. Auch diese funktionieren und haben ihre Berechtigung!

In der Planungsphase kann es Probleme geben durch unterschiedliche Sichtweisen bezüglich der Architektur oder der Ausgestaltung des Gebäudes. Hier ist eine gute Moderation durch den Architekten wichtig, wobei keine Sichtweise »abgebügelt« werden darf.

Natürlich kann es auch zu Problemen hinsichtlich der Kosten kommen. Auch hier sind aus meiner Sicht Architekt und Finanzberater gefordert, Wege zur Kosteneinsparung oder Finanzierungs- und Fördermöglichkeiten aufzuzeigen.

Probleme kann es auch bei unterschiedlichen Glaubensauffassungen geben, die blockieren und nicht als Chancen genutzt werden. Aber diese Probleme gibt es ja auch in anderen Bereichen.

Sie sind engagiertes Mitglied einer evangelisch-freikirchlichen Gemeinde. Welchen Einfluss hat Ihre christliche Grundhaltung auf Ihre beruflichen Ziele?

Sie hat grundsätzlichen Einfluss! Mein berufliches Leben ist mit meinem privaten und gemeindlichen Leben sehr verknüpft. Einmal durch die Menschen, mit denen ich permanent zu tun habe in diesem Bereich, aber auch und besonders durch meine Einstellung als Christ: Ich möchte biblische Grundsätze beachten. Dazu gehört eben auch ein ökologisch orientiertes und nachhaltiges Bauen, dessen Grundlage nicht allein finanzielle Überlegungen darstellen.

Man kann auch sagen: Die Förderung gelingenden Lebens für alle ist mir wichtig. Ich möchte im Hinblick auf bauliche Projekte den Menschen meine jahrzehntelange Erfahrung zur Verfügung stellen und so umfassend wie möglich helfen.

Vielen Dank für die interessanten Einblicke in Ihre Arbeit und dass Sie die Chancen aufgezeigt haben, die Mehrgenerationen-Wohnanlagen bieten.

Das Fundament zum Brückenbauen

Im Interview wurden viele Gründe genannt, warum *gemeinsam* besser ist: Gemeinsam statt einsam. Aufeinander achten. Einander unterstützen. Ressourcen bündeln. Leben!

Außerdem wurde deutlich, wie wichtig bei allen notwendigen Planungen und kompetenten Beratungen eine positive Grundhaltung ist. Die Haltung, miteinander Leben teilen zu wollen, ist das Bindeglied. Das gilt

GEMEINSAM STATT EINSAM. LEBEN, GEMEINSAM BESSER!

für große Vorhaben wie eine Mehrgenerationen-Wohnanlage, aber letztlich auch für alle Projekte und Initiativen, die Gemeinschaft und Verbundenheit der Generationen fördern. Jegliches Engagement, das dazu beiträgt, Verbindungen zu schaffen, kann als Brückenbau-Projekt bezeichnet werden.

Gustav Kannwischer stellt den Bezug zur christlichen Botschaft her. Glaube, Hoffnung und Liebe sind für Christen und Christinnen die Materialien, die die Brücken zueinander tragfähig machen. Wer glaubt, verlässt sich nicht nur auf die eigene Kraft. Und wer Glauben als Vertrauen versteht, erlebt Glauben als Beziehung – zu dem, der die Liebe ist, zu Gott. Daraus erwachsen wiederum Beziehungen zu Menschen, mit denen wir verbunden sind oder sein möchten.

Die Brücken zu ihnen zu beschreiten oder auch erst mal zu bauen, hat mit Hoffnung füreinander zu tun. Denn Hoffnung gibt Mut zur Überwindung von Hindernissen. Sie spornt uns an, weiterzugehen, auch wenn manches zunächst wenig aussichtsreich erscheint.

Mit Glaube, Liebe und Hoffnung können wir das persönliche Leben und das Leben als Mehrgenerationengemeinschaft sinnvoll gestalten. Und wir können so auch an der Entwicklung einer menschenwürdigen Gesellschaft und Umwelt mitwirken.

4 AUTHENTISCH – VERLÄSSLICH – GANZHEITLICH

Generationenverbindend ist:
Über die eigenen Bedürfnisse hinausschauen.
Ganzheitlich leben. Verantwortlich mit den persönlichen
Möglichkeiten und den Ressourcen unserer Welt umgehen.

Der große Rahmen

»Frage nicht, was dein Land für dich tun kann, sondern, was du für dein Land tun kannst.« Dieser berühmte Satz, der John F. Kennedy zugeschrieben wird, regt an, umzudenken, die Perspektive zu wechseln. Und er ist übertragbar: »Frage nicht, was deine Familie, deine Gemeinde, dein Verein für dich tun können, sondern, was du für sie tun kannst.«

Wenn wir die Gegebenheiten, die wir vorfinden, mal in einem größeren Rahmen betrachten, wird ein Wechsel im Erleben möglich. Dann wird sichtbar, was wir füreinander tun können.

Füreinander Verantwortung zu übernehmen, trägt wesentlich zum Gelingen der Generationengemeinschaft bei. Verantwortungsbewusstsein wird gern als eine Schlüsselkompetenz bezeichnet, die für das Zusammenleben und den Zusammenhalt unabdingbar ist. Doch sie darf nicht als eine Art Pflichtübung eingefordert werden. Stattdessen sollten wir uns gegenseitig vorleben, was nachahmenswert ist, und so zeigen, was Bestand haben und die Zeit überdauern soll.

Alles hängt zusammen

Es ist wie bei einem Mobile: An einer Stelle etwas zu verändern, hat Auswirkungen auf alles. Wer nur auf den eigenen Vorteil schaut, bringt das ganze System aus dem Gleichgewicht. Wer aber das Ganze im Blick hat, nimmt auch wahr, wo Schwachstellen sind und Unterstützung nötig ist. Um zu einer guten Balance beizutragen, braucht es einen klaren Blick und auch die Bereitschaft, sich einzusetzen und Verantwortung zu übernehmen.

Verantwortlich zu leben, heißt für mich, authentisch und offen zu sein. Zu sich selbst zu stehen. Die eigenen Stärken und Schwächen zu kennen. Standpunkte und Lebensperspektiven zu haben und gleichzeitig veränderungsbereit und neugierig zu bleiben. Also offen zu sein für Neues und dabei reflektiert zu bleiben!

Zeigen kann sich das beispielsweise im Umgang mit dem eigenen Alter. Sich in der gegenwärtigen Lebensphase realistisch zu sehen, hilft, die Bedeutung der jeweiligen Altersphase wahrzunehmen und ihren Wert schätzen zu lernen. Die Aufgaben und Herausforderungen der derzeitigen Phase anzunehmen, ist gut für das eigene Wohlbefinden und für das Miteinander der Generationen.

WER SICH SELBST LEIDEN KANN, KANN AUCH ANDERE LEIDEN.

Denn wer sich selbst leiden kann, kann auch andere leiden. Wer das eigene Alter verklärt, wird einem Zug hinterherlaufen, der nicht mehr zu erreichen ist. Das bindet nur Kräfte, die anders viel besser genutzt werden könnten. Es schwächt, macht unzufrieden und letztlich einsam.

Wer aber mit sich selbst im Reinen ist, schöpft aus einem großen Reservoir an Klarheit, Geradlinigkeit und Lebensfreude und strahlt Weite und Freiheit aus. Das macht die ständige Beschäftigung mit der eigenen Nabelschau überflüssig und schafft Raum, um Generativität wirklich zu leben. Der Blick auf das eigene Leben und die Fürsorge und Unterstützung für die nachfolgenden Generationen gehören untrennbar und selbstverständlich zusammen.

Das Ganze im Blick haben

Dass es den Kindern gut geht, das war und ist das selbstverständliche Anliegen der Eltern. Dass sie genug Nahrung und Kleidung haben, ist ein klares, überschaubares Ziel. Auch noch, dass ihr Leben mit positiven Lebensperspektiven und am besten in einem guten sozialen Netz verläuft.

Beim Blick darüber hinaus wird es jedoch oft schon schwieriger. Dass auch über die eigenen Enkel und Urenkel hinaus zukünftige Generationen eine lebenswerte Zukunft haben sollen, ist schwerer greifbar und deshalb auch weniger im Blick.

Die Frage, die wir alle uns aber jetzt schon stellen können und sollten, ist: Welche Welt wollen wir unseren Nachkommen hinterlassen? Was können wir alle auch jetzt schon

WELCHE WELT WOLLEN WIR UNSEREN NACHKOMMEN HINTERLASSEN?

dazu beitragen, dass Glück und Zufriedenheit in der Welt, die morgen auf sie wartet, keine Fiktionen sind? Dass sie mit berechtigter Hoffnung in eine lebenswerte Zukunft blicken können, in der sie mit einem gesicherten Auskommen und im Frieden leben können?

Das sind Fragen, die uns alle etwas angehen, im Kleinen wie im Großen. Deshalb sollten wir immer wieder überlegen: Was können wir in unserer Familie dazu beitragen und überall da, wo wir in Gemeinschaften eingebunden sind? Was können wir als Bürger und Bürgerinnen unseres Landes bewirken? Und auch: Was kann und sollte auf politischer Ebene geschehen?

Gerade bei dieser Frage sehen wir als Christinnen und Christen unsere Verantwortung im Zusammenhang mit dem Schöpfungsauftrag Gottes. Die Schöpfung zu bewahren, ist dabei mehr als eine leere Formel: Es ist das uralte und zugleich zeitlose Anliegen, verantwortlich mit den Gütern unserer Erde umgehen.

Das kann und sollte im Alltag geschehen. Mit kleinen, aber bewussten Schritten können wir Kindern und Enkeln vorleben, wie beispielsweise sorgsam mit der Ressource Wasser umgegangen, wie Müll reduziert und Energie eingespart werden kann.

Auch in politischen Stellungnahmen sollte sich dies spiegeln. Denn gemeinsam mit Menschen, die naturwissenschaftliche, ökologische, ökonomische und kulturelle Argumente einbringen, können Christen und Christinnen eine starke Stimme entwickeln, damit auch die kommenden Generationen eine lebenswerte Zukunft haben.

Leben und arbeiten für die gleichen Ziele

In einer Gemeinschaft sollte man sich auch in dieser Hinsicht immer wieder hinterfragen und beispielsweise folgende Überlegungen anstellen:

- Wie verantwortungsbewusst gehen wir mit unseren Möglichkeiten um?
- Wie wichtig ist uns dabei die systemische Sicht, der Blick auf Zusammenhänge und das große Ganze?
- Wie kann bewusster werden, dass wir mit den Gemeinschaften, in denen wir leben, Teil dieser einen Welt sind?
- Und auch, dass wir für sie und füreinander verantwortlich sind?

Diese Fragen liegen Friedrich Schneider, Pastor im Bund Evangelisch-Freikichlicher Gemeinden, sehr am Herzen. Persönlich, als

Gemeindepastor und auch in der Kirchenleitung, hat ihn das Miteinander der Generationen mit allen Chancen und Herausforderungen durch seine gesamte Dienstzeit begleitet.

In einem Interview schildert er sein Erleben und seine Anliegen. Dabei geht er auch auf die Frage ein »Welche Welt wollen wir unseren Kindern und Enkeln hinterlassen?« und beschreibt, was er Kirchengemeinden für eine generationenverbindende Gemeindearbeit empfiehlt.

IM GESPRÄCH MIT PASTOR FRIEDRICH SCHNEIDER

Friedrich, sag bitte zunächst etwas zu deiner Person und zu deinem beruflichen Weg!

Ich bin an der Nordsee aufgewachsen und dem Norden treu geblieben: Seit fast 30 Jahren wohne ich mit meiner Frau in Oldenburg. Während meines Theologiestudiums in den 1970er-Jahren lebte ich in Hamburg. Elmshorn gehört zum Speckgürtel Hamburgs. Dort war ich neun Jahre als Gemeindepastor tätig, danach sieben Jahre in Oldenburg, und seit über 20 Jahren arbeite ich beim Bund Evangelisch-Freikirchlicher Gemeinden in unterschiedlichen Aufgabenbereichen – viele Jahre in der Geschäftsführung unseres Bundes.

Wie hast du das Miteinander der Generationen im Gemeindedienst erlebt?

Als ich Pastor wurde, war ich 25 Jahre alt. Alle Mitarbeitenden in der Gemeindeleitung und in den Gruppen waren mindestens zehn Jahre älter als ich. Und dennoch haben sie mich von Anfang an ernst genommen, sind mir auf Augenhöhe begegnet. Das war für mich eine starke Ermutigung.

Sehr gern war ich in der Seniorengruppe, die von einer ausgesprochen liebenswerten älteren Dame geleitet wurde. Sie hatte ein besonderes Geschick, andere ins Rampenlicht zu stellen. Ich habe von ihr gelernt, dass auch unscheinbare Leute – gerade auch Hochbetagte – faszinierende Persönlichkeiten sind. Man muss sie nur näher kennenlernen, sie erzählen lassen und ihre Beiträge würdigen.

Als ich mit 34 Jahren meine zweite Gemeindearbeit in der evangelisch-freikirchlichen Gemeinde in Oldenburg begann, waren die meisten Personen in der Gemeindeleitung dieser großen Gemeinde mindestens 20 Jahre älter als ich. Ihr Hauptmotiv war, die Gemeinde zusammenzuhalten und Unruhe und Veränderungen zu vermeiden.

Ich hatte zwar Ideen und Ziele, musste aber lernen, geduldig zu sein, lange Wege mitzugehen und immer wieder zu überzeugen und zu motivieren. Hier habe ich zum ersten Mal das typische Rollenverhalten der älteren »Bewahrer« und jüngeren »Veränderer« kennengelernt. Dass am Ende meines Dienstes viele neue Ideen umgesetzt worden waren und eine andere, offenere Atmosphäre in die Gemeinde eingezogen war, bedeutete für mich eine schöne Erfahrung.

Noch wichtiger aber ist mir, dass viele der damaligen Verantwortlichen heute immer noch, genau wie ich selbst, Teil dieser Gemeinde sind und dass wir einander sehr herzlich begegnen können. Es belustigt mich sogar ein wenig, dass einige der besonders Konservativen neuerdings als Senior-Studenten theologische Veranstaltungen der Uni Oldenburg belegen. Sie freuen sich darüber, dass sie einen »weiten Horizont« des Denkens für sich entdeckt haben.

Heute gehöre ich zu den Älteren in der Gemeinde. Und ich bin begeistert über die vielfältigen Angebote und Aktivitäten für alle Generationen. Besondere Freude macht mir die Begleitung eines 17-Jährigen, mit dem ich mich einmal im Monat treffe, um mit ihm sowohl über Persönliches als auch über theologische Fragen zu sprechen. Dabei lerne ich viel über die Lebenswelt eines Teenagers von heute. Eine sehr bereichernde Beziehung! Und ich kann ein wenig von der Wertschätzung, die mir als junger Mensch begegnete, zurückgeben.

Welche Herausforderungen und Chancen siehst du aus Sicht der Kirchenleitung? Welche Relevanz hat eine gelingende Generationengemeinschaft in Kirche und Gesellschaft bzw. sollte sie haben?

Unsere Gesellschaft spaltet sich immer mehr auf. Menschen suchen sich überschaubare soziale Gruppen, vertraute Milieus – vermutlich so etwas wie »Heimat« – in einer unübersichtlichen, multioptionalen und globalisierten Welt. Das ist verständlich.

Aber es birgt die Gefahr, dass Mauern zwischen einzelnen Gruppen wachsen, weil man nur noch mit ähnlich denkenden Menschen Kontakt hat. Das führt nicht nur zu einer begrenzten Sicht vom Leben und der Welt, sondern es lässt auch Vorurteile bis hin zu Feindbildern entstehen. Menschen aus anderen Generationen, mit anderem Musikgeschmack, mit anderer Lebensgestaltung werden gemieden, werden zu »Fremden«, vielleicht sogar zu »Feinden«.

Unsere Gemeinden sind in der Regel generationenübergreifend zusammengesetzt. Die einzelnen Mitglieder haben einander ja nicht selbst ausgesucht. Damit ist die Ortsgemeinde einer der wenigen sozialen Räume, in denen sich unterschiedliche Generationen und Milieus begegnen. Das ist ein hoher Wert. Aber er muss auch gepflegt und gestaltet werden.

Und es gilt darüber hinaus für Christen als Staatsbürger, sich für ein Miteinander der Generationen in unserer Gesellschaft einzusetzen. Schon für die erste Runde der Koalitionsgespräche im Herbst 2017 haben sich Prominente für eine Erneuerung des Generationenvertrages starkgemacht.

Die Kampagne »Generationenmanifest« versteht sich als »Interessensvertretung der kommenden Generationen«, ist aber eher von Älteren initiiert, die sich ihrer Verantwortung für die folgenden Generationen bewusst sind. Ihre Überzeugung: »Selten hatten so viele Menschen Sorge um die Zukunft ihrer Kinder und Enkel. Wir auch! Wir haben uns deshalb zusammengetan, um hier einen Kurswechsel einzuleiten.«

In zehn Forderungen an die politisch Verantwortlichen zeigen sie Maßnahmen auf, um eine lebenswerte Zukunft zu sichern. Es geht dabei um globale Fragen wie die Sicherung des Friedens und den Klimaschutz genauso wie um Digitalisierung und Müllvermeidung.

Zu Beginn des Jahres 2018 hatten über 220 000 Menschen das Manifest unterschrieben.

Für Freikirchen ist wichtig, dass im November 2017 die Vereinigung Evangelischer Freikirchen eine »strategische Partnerschaft« mit »Micha Deutschland« verabredet hat. Die Micha-Bewegung beruft sich auf den gleichnamigen Propheten des Alten Testaments, der unter anderem die Erwartung Gottes an seine Menschen so auf den Punkt gebracht hat: »Recht tun, Güte lieben und achtsam mitgehen mit deinem Gott« (Micha 6,8).

In diesem Sinne soll eine weltweite Kampagne und ein globales Netzwerk Christinnen und Christen zum Engagement gegen extreme Armut und für globale Gerechtigkeit begeistern. Micha engagiert sich dafür, dass die Nachhaltigkeitsziele/Sustainable Development Goals (SDGs) der Vereinten Nationen umgesetzt werden. Bis 2030 soll weltweit Armut beseitigt werden.

Micha Deutschland ist ein überkonfessionelles Netzwerk von Organisationen, Gemeinden und Einzelpersonen. In etlichen Freikirchen gibt es auch lokale Micha-Gruppen, die an der Umsetzung eines nachhaltigen Lebensstils und an Kampagnen zur Sicherung unserer Zukunft für kommende Generationen mitarbeiten. Ich habe selbst eine solche Gruppe in Oldenburg gegründet.

Wie erlebst du das Miteinander der Generationen privat, in der Familie?

Wir hatten es gar nicht erwartet und freuen uns nun umso mehr darüber, dass unsere älteste Tochter mit ihrem Mann und den beiden Söhnen wieder nach Oldenburg gezogen ist. Es ist beglückend, als Oma und Opa engagiert zu sein. Demnächst werden wir von unserem Sohn und der jüngsten Tochter ebenfalls zu Großeltern gemacht. Großartig.

Dazu kommt, dass meine Frau und ich uns um meine 90-jährige Schwiegermutter kümmern, die vor einigen Monaten nach einem Schlaganfall ins Pflegeheim umgezogen ist. Eine typische Erfahrung für unser Alter.

Wenn wir uns in unserem Hauskreis treffen, haben auch die anderen etwas zu erzählen – entweder von der Betreuung der alten Eltern oder den Enkelkindern.

In welchen biblischen Belegen siehst du Hinweise, die für die Generationengemeinschaft hilfreich sind?

Am Anfang der Geschichte mit seinem Volk stellt sich Gott als der Gott Abrahams, Isaaks und Jakobs vor. Ein Gott also, der sich an drei Generationen bindet. Und im grundlegenden Bekenntnis Israels, dem sogenannten »Schma«, wird jeder Glaubende verpflichtet, der nachfolgenden Generation die Gotteserfahrung weiterzugeben. Es gibt keinen Glauben ohne die Überlieferung von Generation zu Generation.

Der biblische Begriff *oikos* wird meist als »Haus« übersetzt, meint aber eine generationenübergreifende Wohngemeinschaft, wie wir sie bei uns z. B. von großen Bauernhöfen kennen. Und auch wenn die Gemeinde im 1. Korintherbrief als »Leib mit unterschiedlichen Gliedern« beschrieben wird, steht das Miteinander einer *polis*, einer griechischen, demokratisch organisierten Siedlung im Hintergrund, in der jeder etwas beiträgt zum Gelingen des Ganzen. Und auch das ist nur im Miteinander unterschiedlicher Generationen denkbar.

Auffällig ist auch, wie Paulus den jungen Timotheus ermutigt und so vor Augen führt, wie Verantwortung von einer Generation auf die nächste übertragen wird. Solche Beziehungen zwischen einer erfahrenen und einer weniger erfahrenen Person finden wir auch zwischen Mose und Josua, Eli und Samuel, Elia und Elisa sowie angedeutet auch zwischen Elisabeth und Maria im Neuen Testament.

Hast du eine Empfehlung für Gemeinden und Gemeinschaften, in denen mehrere Generationen zusammen leben oder auch zusammen arbeiten?

Jede Gemeindesituation ist anders. Aber grundsätzlich hilft es schon, wenn Verantwortliche wissen, dass das Miteinander der Generationen bewusst gefördert und gestaltet werden muss. Aus meiner Erfahrung einige Beispiele dazu:

Bewährt haben sich Gemeindefreizeiten, Straßenfeste und ähnliche Aktionen. Ich beobachte auch, wie sich immer wieder kleine Gruppen verabreden, um gemeinsam ihren Hobbys nachzugehen. Etliche dieser Gruppen waren gar nicht »absichtlich« generationenübergreifend geplant, sondern es hat sich einfach ergeben, dass Leute aus verschiedenen Altersgruppen sich zu gemeinsamen Fahrradtouren, Motorradausflügen, Kanutouren in Schweden, Kochgruppen usw. zusammengetan haben.

Auch zu unserer Micha-Gruppe gehören sowohl Studierende als auch Rentner und viele »dazwischen«. Und zu den Gemeindeleitungswahlen im Frühjahr 2018 kandidierten drei Jugendliche und drei Rentner. Die übrigen Kandidaten waren zwischen 40 und 55 Jahre alt.

Auch zusammen zu arbeiten, verbindet. Dabei können Aktionen und Projekte ganz unterschiedlich sein. Ich habe gute Erfahrungen gemacht mit regelmäßigen Bau- und Putzeinsätzen, bei denen das Gemeindehaus und -grundstück wieder frisch gemacht wurde. Das gemeinsame Engagement verbindet die Generationen. Und alle begegnen sich auf Augenhöhe.

Auch Aktionen wie gemeinsame Mahlzeiten, Mittagstisch für Studierende am Sonntag oder die Suppenküche am Wochentag können neue Verbundenheit schaffen. Ähnliches gilt traditionell für das gemeinsame Singen im Chor oder die gemeinsame Kindergottesdienstarbeit. An diese Erfahrungen können wir anknüpfen.

Es gibt noch eine Aktion, die mich sehr beeindruckt hat: Unterschiedliche Leute dürfen sich für den Gottesdienst ein Lied wünschen und erzählen kurz, was sie damit verbinden. So zeigt sich im Laufe von Wochen nicht nur die Vielfalt der Prägungen und Geschmäcker, sondern es entsteht auch ein Eindruck von dem persönlichen Empfinden und geistlichen Erleben Einzelner.

Für das Miteinander der Generationen gilt der bekannte Satz: »Es gibt nichts Gutes, außer man tut es.«

Vielen Dank für die weite Sicht, die du eröffnet hast, mit persönlichen Einblicken und zukunftsweisenden Perspektiven.

Die systemische Betrachtungsweise, dass alle Bereiche des Lebens zusammenhängen und einander bedingen, kann an diesem Punkt hilfreich sein. Denn sie regt dazu an, die eigene Authentizität und das Verantwortungsbewusstsein den anderen Generationen gegenüber in einen guten Einklang zu bringen.

Was es bedeutet, die zukünftigen Generationen verantwortlich im Blick zu haben, hat ein unbekannter Verfasser so ausgedrückt: »Der beste Prüfstein für das Gewissen eines Menschen ist vielleicht seine Bereitschaft, Opfer für künftige Generationen zu bringen, deren Dank ihn nie erreichen wird.«

Ich möchte solche *Opfer* allerdings nicht als Verlust, sondern als Geschenk empfinden, das wir den nachfolgenden Generationen machen können. So werden wir uns ebenfalls erfreuen können – an dem, was ist und was hoffentlich bleibt.

5 | SPUREN ENTDECKEN – SPUREN HINTERLASSEN

Generationenverbindend ist:
Weitergeben, was für das eigene Leben hilfreich war und ist.
In anderen vorbildliches Verhalten wahrnehmen.
Darin Schätze für den Lebensweg entdecken.

Vorbilder – Wunschbilder – Idole

Vorbilder sollen Spuren hinterlassen, Orientierung und Halt geben. Gerade auf die Generationengemeinschaft bezogen, sind Vorbilder erwünscht. Aber was macht sie eigentlich aus?

Bisweilen führt der Wunsch nach Orientierung zu Überhöhung und Verklärung. Edel, hilfreich und gut sollen Menschen sein, die als Vorbild dienen – gemäß den ersten Zeilen von Goethes Gedicht »Das Göttliche«. Und so schaffen wir uns selbst Idole, die in Wahrheit gar nicht dem Bild entsprechen, das wir von ihnen haben. Vielleicht halten manche deshalb so wenig von Vorbildern. Sie sind zu oft enttäuscht worden.

Und doch brauchen wir Vorbilder, denn wir lernen durch Nachahmung. Gerade bei kleinen Kindern können wir beobachten, wie sie imitieren, was sie in ihrer Umgebung wahrnehmen. Sie erlernen dabei neue Fähigkeiten, und ohne ein Vorbild, das sie nachahmen können, würde ihre Entwicklung anders verlaufen.

Orientierung, die nachhaltig wirkt, braucht Begegnung. Denn Bilder sind nicht die Wirklichkeit. Damit sie nicht zu Trugbildern werden, müssen sie durch Erfahrungen und gemeinsames Erleben erweitert und gegebenenfalls auch ersetzt werden. Wer gute Erfahrungen macht, braucht dann nicht mehr zwischen zwei Extremen zu schwanken.

Weder idealistische Forderungen noch die totale Ablehnung von Vorbildern helfen uns nämlich weiter. Ebenso wenig Verallgemeinerungen: »Die Alten sollen Vorbilder für die Jungen sein!« Oder: »Die Jungen sollen sich mal ein Beispiel an den Alten nehmen!«

Was uns wirklich weiterbringt und verbindet, ist, das eine oder andere aneinander wahrzunehmen, das als hilfreiches Beispiel für das eigene Leben dienen kann. Und da gibt es viel zu entdecken!

VIELE DINGE, DIE WIR ANEINANDER WAHRNEHMEN, SIND HILFREICH FÜR DAS EIGENE LEBEN.

So entstehen Spuren, die auf ganz unterschiedliche Eindrücke zurückgehen. Es lohnt sich, immer wieder zu überlegen, welche Erlebnisse und Beobachtungen uns bisher geprägt haben.

ANNIKA HERING ERZÄHLT VON SPUREN AUS IHRER GROSSFAMILIE

Als ich noch sehr jung war, habe ich noch meine Urgroßeltern erlebt, die bei uns im Haus wohnten. Ich kann mich, wenn auch nur schwach, daran erinnern, dass ich oftmals zu ihnen in die untere Wohnung gekommen bin, um mit ihnen zu frühstücken. Geblieben ist das Gefühl: Es war schön für mich, die Urgroßeltern im Haus zu haben und so noch mehr Liebe und Aufmerksamkeit zu bekommen.

Mehr Erinnerungen habe ich an meinen Opa Heinrich, der von 2001 bis 2010 bei uns im Haus gelebt hat. Er hatte eine sehr interessante Lebensgeschichte, von der ich ja schon berichtet habe. Seinen Erzählungen zu lauschen, hat mich mehr geprägt, als mir damals bewusst war. Außerdem konnte er stundenlang in der Bibel lesen. Vorbildlich!

Selbstverständlich war es nicht immer nur spannend, die Großeltern in der Nähe zu haben. Mit lauter Stimme gegen die Schwerhörigkeit anzukämpfen, jeden Ton aus dem lauten Fernseher mitzubekommen oder nach dem Essen schnell flüchten zu müssen, weil Opa gerne noch eine Stunde geplaudert hätte, machten das Zusammenleben auch mal nervig.

Aber insgesamt war es eine totale Bereicherung. Schon dass man abends nicht alleine war, sondern jemand im Haus war, wenn meine Eltern wegmussten, hat mich sehr beruhigt. Zusammenfassend kann ich also sagen, dass es sehr prägend war, mit der »erweiterten Familie« in einem Haus zu leben. Gerade die Gottesbeziehung meiner Großeltern habe ich immer als sehr positiv und beeindruckend wahrgenommen.

Auch meine Eltern haben mir mit der Aufnahme meiner Großeltern praktische Nächstenliebe vorgelebt. Kein Umbau, kein Gespräch, kein Zuhausebleiben war ihnen zu viel, um die Großeltern zu unterstützen. Und: Welches Kind hat nicht gerne die Großeltern im Haus, besonders, wenn sie ein bisschen vernarrt in einen sind!

Manche Spuren sind sofort augenfällig, wie das bei Spuren ist, die in frisch gefallenem Schnee hinterlassen werden. Andere Spuren muss man suchen, man muss sorgfältig Ausschau halten nach Fährten, die andere bewusst oder unbewusst gelegt haben. Dafür braucht es einen gewissen Spürsinn, wie ihn Fährtensucher wohl hatten, die wir nur noch aus alten Western kennen.

Fährtensucher können viel bewirken

Das erinnert mich an eine indianische Legende, in der es unter anderem um einen Fährtensucher geht. Er ist es, der den Generationen letztlich wieder den Weg zueinander weist. Dabei ist er selbst gar nicht die Hauptfigur in der Geschichte. Das sind zwei alte Frauen und so lautet auch der Titel des Buches der Autorin Velma Wallis.

Aufmerksam geworden bin ich auf das Buch durch meine Tochter. Sie hatte es, kurz nachdem sie von zu Hause ausgezogen war, in einer Buchhandlung entdeckt. Ich war überrascht, wie viele Lebensthemen und wie viel Weisheit darin zu finden sind. Es geht um Mut und den Willen, auch in der widrigsten Situation nicht aufzugeben. Es geht um Tradition und Neuanfang, um Freundschaft und Versöhnung. Und alles hat nicht zuletzt mit einer Generationengemeinschaft zu tun, die sich am Ende wieder selbst eine neue Chance gibt.

Gerade dazu trägt der Fährtensucher bei. Er spürt die beiden Frauen wieder auf, die in einem strengen Winter von ihrem Stamm allein zurückgelassen wurden, aus Not und dem Stammesgesetz entsprechend. Aber die Frauen erinnern sich an Fähigkeiten, die sie einmal erlernt haben, und finden den Willen und den Mut zu überleben. Sie erleben Gemeinschaft und Freundschaft, kommen aber auch an ihre Grenzen.

Als dann der Stamm, von Reue getrieben, die beiden zurückholen will, übernimmt der besagte Fährtensucher die Rolle des Vermittlers. Gemeinsam mit den Jungen macht er sich auf den Weg. Zunächst fällt die Annäherung beiden Seiten nicht leicht. Aber dann findet eine Versöhnung statt. Die Jungen bekommen eine ganz neue Achtung vor den alten Frauen, die ja völlig Unerwartetes erreicht haben, und die alten Frauen lernen zu vergeben.

―――

Beim Austausch mit meiner Tochter über dieses Buch – sie war Anfang zwanzig und studierte, ich stand mitten im Berufsleben – entdeckten wir etliche Gemeinsamkeiten. Hatte ich mich zunächst noch gewundert, dass eine junge Frau sich von einem Buch angesprochen fühlte, in dem es um alte Frauen geht, so wurde nun schnell klar:

FÜR DIE GRUNDSÄTZLICHEN FRAGEN DES LEBENS SIND DIE ANTWORTEN IN JEDEM ALTER GLEICH.

Für die grundsätzlichen Fragen und Herausforderungen des Lebens sind Antworten und Perspektiven in jedem Alter gleich: Füreinander-da-Sein ist ein hohes Gut, das gerade der Generationengemeinschaft einiges abverlangen kann. Wege zur Versöhnung können lang und kräftezehrend sein, aber wirkliche Alternativen gibt es nicht. Letztlich führt nur Verbundenheit dazu, dass das Leben gelingt und es allen gut dabei geht. Und: Aufgeben sollte keine Option sein.

Für mich war die Beschäftigung mit diesem Buch sehr eindrücklich. In diesem Fall wurde die Spur von einer Jüngeren gelegt, und ich als Ältere bin ihr gern gefolgt und komme auch immer wieder auf sie zurück.

Spuren durch ein Lied

Manchmal werden Spuren auch erst viel später entdeckt, als kleine oder auch größere Schätze für den weiteren Lebensweg.

Ich denke da zum Beispiel an Großeltern, die ihren Enkeln, wenn sie bei ihnen übernachtet haben, immer das Lied »Der Mond ist aufgegangen« vorgesungen haben, und zwar mit allen Strophen. Eingeprägt hat sich die unermüdliche Zuwendung der Großeltern und auch der gehaltvolle Text des Liedes. Einige der Enkel können ihn immer noch auswendig, und die Enkeltochter, die mir davon berichtete, singt das Lied inzwischen ihren eigenen Kindern vor.

So können aus entdeckten Spuren solche werden, die auch der nächsten Generation hinterlassen werden. Was für eine hilfreiche Lebensbotschaft enthält allein die Strophe:

Seht ihr den Mond dort stehen?
Er ist nur halb zu sehen
und ist doch rund und schön!
So sind wohl manche Sachen,
die wir getrost belachen,
weil unsre Augen sie nicht sehn.

Über diese Botschaft nachzusinnen und sie zu verinnerlichen, kann wie eine Therapiesitzung wirken. Nicht umsonst wird in der Beratungsarbeit vom *Luna-Learning* gesprochen. Denn die Metapher vom Mond, von dem immer nur die Teile zu sehen sind, auf die die Sonne scheint, wirkt faszinierend.

Sie zeigt auf, dass noch mehr da ist – Unsichtbares, das noch verborgen ist. So wie sich im Leben der Menschen, hier konkret der Enkel und Urenkel, noch vieles entwickeln und ausweiten kann: Begabungen, Aufgaben und Beziehungen, die vielleicht erst noch ins rechte Licht gerückt werden müssen.

Wie die Enkelkinder jener Familie mit diesen Impulsen umgegangen sind oder auch noch umgehen werden, bleibt natürlich ihnen selbst überlassen. Aber dass die Großeltern etwas in ihre

Herzen gelegt und somit Spuren hinterlassen haben, wurde beispielsweise in der Trauerfeier für die Großmutter deutlich, auf der auch Strophen dieses Liedes gesungen wurden.

Mensch sein

Menschen, die positive Spuren hinterlassen, bleiben Menschen mit Stärken und Schwächen: Menschen, über die man sich freuen oder auch mal seufzen kann. Sie müssen nicht fehlerlos oder gar Helden sein. Nicht alles, was sie tun und lassen, muss stets allen gefallen. Aber wer seine Umgebung positiv beeinflusst, dessen Verhaltensweisen werden von etwas genährt, das wohl nur mit Weisheit bezeichnet werden kann.

Kein Mensch ist in der Lage, ein Vorbild par excellence abzugeben, und muss es auch nicht sein. Aber anderen zugewandt und verantwortungsvoll zu sein, ist ein wesentliches Merkmal, von dem etwas bleiben wird.

ANDEREN ZUGEWANDT SEIN – EIN MERKMAL, DAS BLEIBEN WIRD.

Gemeinsam unterwegs sein! Mit gegenseitiger Wertschätzung und Verantwortung füreinander. Mit Offenheit und Veränderungsbereitschaft. Mit dem Willen, in versöhnter Verschiedenheit zu leben. Das aneinander wahrzunehmen, hinterlässt Spuren.

Entdeckungen in der Bibel

Viele Texte im Alten und im Neuen Testament geben Beispiele für eine authentisch gelebte Generationengemeinschaft. Dabei ist das Miteinander der Generationen oft nicht die zentrale Aussage – Worte wie Generationengemeinschaft kommen nicht vor. Wenn von Gene-

ration gesprochen wird, geht es im Allgemeinen um die Generatio-
nenfolge, wie beispielsweise: »Auf Abraham folgte Isaak«.

Und doch bin ich immer wieder erstaunt, wie viele Texte weg-
weisende Impulse zu einem gelingenden Miteinander der Generationen enthalten und wie gleichnishaft manch altbekannte Geschichten sein können.

Ein Beispiel ist für mich die schon erwähnte Noah-Geschichte.
Nachdem Noah mit seiner Familie von der großen Flut gerettet wurde, heißt es: »Dann segnete Gott Noah und seine Söhne« (1. Mose
9,1). Wenn ich die Entstehungszeit des Textes und die patriarcha-
lische Lebensweise der Verfasser berücksichtige, schließe ich gern
daraus: Gott schenkt seinen Segen der Generationengemeinschaft!
Er fördert und schützt das Miteinander der Generationen.

Auch die väterlich-freundschaftliche Beziehung von Paulus zu
dem jungen Timotheus klang schon an. Paulus war prägend für
Timotheus. Und er nannte andere, die Timotheus ebenfalls geprägt
hatten und in ihrem Vertrauen auf Gott vorbildlich für ihn waren: seine Großmutter Lois und seine Mutter Eunike (vgl. 2. Timotheus 1,5).

»Wenn dich dein Kind morgen fragt …« Auch diese biblische
Empfehlung sei noch einmal erwähnt. Sie ist bis heute Teil des
Glaubensbekenntnisses des Judentums und für die christlichen
Werte von hoher Relevanz. Wir sollen die Liebe in die Zukunft tra-
gen! Weitergeben, was für das eigene Leben hilfreich war und ist.
Generativität leben! Das ist für alle Menschen, wo sie sich auch
geistig, geistlich, ethnisch, kulturell verortet wissen, ein wichtiges
Bindeglied zwischen den Generationen.

Wiederkehrendes und Spontanes

Oft sind es Rituale, die eine Verbundenheit erlebbar machen. Sei
es die Gutenachtgeschichte im Kleinkindalter, die Guten-Mor-

gen-WhatsApp an die gerade aus der elterlichen Wohnung ausgezogene Tochter, das wöchentliche Telefonat mit dem alten Onkel.

Solche Rituale sind Interaktionen, die nach ungeschriebenen Regeln ablaufen. Sie geben Orientierung, sie erfreuen, sie stärken die emotionale Verbundenheit. Und gerade deshalb müssen sie veränderbar sein. Wie Traditionen haben auch Rituale einmal als etwas Neues begonnen, das dann wiederholt und weitergegeben wurde.

Wirklich verbindend wirken Gepflogenheiten, wenn sie dynamisch bleiben: Es wird etwas weitergeführt, das zugleich jedoch durch neue Riten angereichert werden kann. So kann zum Beispiel die traditionelle weihnachtliche Familienfeier mit Liedersingen und Fondue-Essen als Gemeinschaftserlebnis erhalten bleiben, aber es können dabei auch neuere Weihnachtslieder, ein anderes Festmenü oder ein anderer Ort gewählt werden. Das kann einer Tradition den Beigeschmack der Starrheit und Langeweile nehmen.

———

Manchmal handelt es sich nicht um ein Ritual, sondern lediglich um eine spontane Aussage, die einem im Gedächtnis bleibt und nachhaltig wirkt. Ich denke beispielsweise gern an eine alte Frau und an ein Kind zurück. Denn mit dem, was sie sagten, haben sie, eher unbewusst, eine Haltung zum Ausdruck gebracht, die ich nachahmenswert finde.

»Genießt die Zeit!«, sagte die alte Dame, als mein Mann und ich sie nach unserer Urlaubsreise durch die Ägäis im Altenheim besuchten. Fröhlich und völlig neidlos erinnerte sie sich daran, dass sie vor fünfundzwanzig Jahren auch schon mal auf Santorin gewesen war, und fragte, ob wir auch mit dem Esel auf den Berg geritten seien.

Dankbar schaute sie zurück – sie hatte zur rechten Zeit das Richtige für sich getan. Wie schön, im Alter großzügig zu sein! Anderen etwas gönnen zu können, ohne das Gefühl, etwas verpasst zu haben.

Der anderen Aussage war ein Missgeschick vorausgegangen. Eine meiner Enkeltöchter, zu dem Zeitpunkt sechs Jahre alt, hatte ein volles Glas Kakao über die frische weiße Tischdecke gekippt. Das war eine Situation, die sie selbst und auch uns als Großeltern erst mal verstummen ließ. Und dann sagte sie mit bebender Unterlippe, den Tränen nahe: »Aber es gibt doch Schlimmeres, oder?«

Da mussten wir lachen. Denn recht hatte sie natürlich. Sie hat uns damit nicht nur zum Lachen gebracht, sondern uns auch vor Augen geführt: Was uns auf den ersten Blick nicht erfreut oder womöglich sogar verärgert, relativiert sich, in einem größeren Zusammenhang betrachtet.

»Es gibt Schlimmeres!« ist seitdem zu einem geflügelten Wort in unserer Familie geworden und hat schon manchen Ärger im Keim erstickt. Vermeintliche Probleme relativieren sich und Wichtiges kann von Unwichtigem unterschieden werden.

So können auch in Alltagssituationen Spuren entdeckt werden, die sich tief einprägen.

Bleibendes

Oft werden aus Fährtensuchern solche, die ebenfalls Spuren hinterlassen. Denn über entdeckte Spuren zu reflektieren, kann den Wunsch auslösen, selbst Gutes weiterzugeben. Was soll von mir bleiben? Welche Spur möchte ich hinterlassen? Vielleicht ist es ein Lebensmotto, das so ähnlich lautet wie: »Glücklich sein bedeutet nicht, das Beste von allem zu haben, sondern das Beste aus allem zu machen«, Verfasser unbekannt. Oder, ebenfalls von einem unbekannten Verfasser: »Gutes pflegen und Neues bewegen.«

Oder es ist eine Botschaft, die durch eine einprägsame Geschichte weitergegeben wird. Wie zum Beispiel bei dem Großvater, der seinem Enkel von den zwei Wölfen erzählt, die in ihm kämpfen. Der eine sei aggressiv und grausam, der andere liebevoll und mitfühlend.

WELCHE GUTE SPUR MÖCHTE ICH FÜR NACHFOLGENDE GENERATIONEN HINTERLASSEN?

Auf die Frage des Jungen, wer gewinne, antwortet der Alte: »Der, den ich füttere!«

Es kann auch eine Ermutigung sein, zu sich zu stehen und sich nicht von der Meinung anderer abhängig zu machen. Das drückt zum Beispiel die Geschichte vom grünen Fahrrad von Ursula Wölfel aus, die ich immer wieder gern erzähle. Meine Lieben haben sie jedenfalls schon oft gehört. In dieser Geschichte streicht ein Mädchen sein ursprünglich grünes Fahrrad immer wieder mit einer anderen Farbe an, nur weil Bruder, Nachbar, Freundin und Oma Blau, Rot oder Gelb schöner finden. Das Mädchen kehrt aber schließlich zu seiner Lieblingsfarbe zurück und bleibt dabei.

Sogar ein schlichtes Kochrezept kann bewirken, dass einem nicht nur ein besonders schmackhaftes Essen, sondern auch der lieb gewordene Mensch selbst in Erinnerung bleibt. In unserer Familie gilt dies für den Kuchen »Kalte Schnauze«. Einst wurde er nämlich von der Großtante und später von der Großnichte angeboten.

Positive Spuren können sich längs und quer durch die Generationen ziehen. Den Eindrücken sieht man ja nicht an, wie alt der Mensch ist, der sie hinterlassen hat. Wenn wir also Spuren finden, denen es sich lohnt zu folgen, dann sollte es egal sein, wie alt der Spurenleger ist.

WEITER SEHEN

Generationenverbindend ist:
Über den eigenen Horizont hinausblicken. Mit Anspruch, Einspruch und Zuspruch Erwartungen, Einwände und Unterstützung gleichermaßen berücksichtigen. Dabei zuversichtlich nach vorn schauen.

Vergangenheit – Gegenwart – Zukunft

Unser Ziel sollte sein, als Generationengemeinschaft gemeinsam unterwegs zu sein! Dabei die Vergangenheit reflektieren, die Gegenwart gestalten und für die Zukunft Perspektiven entwickeln. Weiter sehen und weiter gehen. Gemeinsam! Damit sind Anspruch, Einspruch und Zuspruch verbunden. Darauf sollten wir uns einlassen, es wirklich wollen und dabei offen, neugierig und einander zugewandt bleiben.

- Wie Familien, deren Mitglieder generationenübergreifend Verantwortung füreinander übernehmen.
- Wie Kirchengemeinden, die ihre Angebote nicht nur altersspezifisch einteilen, sondern in erster Linie nach Interesse, Neigung und Potenzial ausrichten.
- Wie Kommunen, die Räume eröffnen für Begegnungen, wo Junge und Alte und alle dazwischen miteinander lachen und spielen, einander helfen und voneinander lernen können.

Miteinander weiter gehen bedeutet auch, mit Zuversicht weiter zu sehen. Zuversicht ist ein etwas sperriges Wort, das im Alltag nicht unbedingt in aller Munde ist. Der Duden definiert Zuversicht als

»festes Vertrauen auf eine positive Entwicklung in der Zukunft, auf die Erfüllung bestimmter Wünsche und Hoffnungen«.

MITEINANDER WEITER GEHEN BEDEUTET, MIT ZUVERSICHT WEITER ZU SEHEN.

»Zuversicht ist Einsicht auf Aussicht«, sagt der Aphoristiker Ernst Ferstl dazu. Nur das Naheliegende zu sehen, engt ein. Wer sich aber traut, weiter zu sehen, ist nicht nur mutig, sondern wird auch fröhlich dabei.

Weitblick und Zuversicht

Die Geschichte von den drei Bauarbeitern, die Steine behauen, gibt dafür ein anschauliches Beispiel. Überschrieben ist sie mit der Frage, die ein Kind jedem Arbeiter stellt: »Was tust du?«

Der erste antwortete darauf missmutig: »Ich behaue Steine, was sonst!«

Der zweite sieht etwas weiter und denkt seufzend an seine Familie. Das Steineklopfen ist für ihn mit Geldverdienen verbunden.

Der dritte aber blickt in die Höhe und sieht vor seinem inneren Auge das große fertige Bauwerk. »Ich baue eine Kathedrale«, sagt er froh. Er schaut über das schon Sichtbare hinaus.

Um weiter zu sehen, brauchen wir manchmal »Erleuchtung«, innere Klarheit. Also den Blick für das große Ganze, ohne dabei wichtige Details aus dem Auge zu verlieren! Einen weiten Blick, um entfernte Ziele ansteuern zu können und nahe liegende Stationen für Zwischenstopps zu nutzen!

Wir brauchen »erleuchtete Augen des Herzens« (vgl. Epheser 1,18). So übersetzt Martin Luther, was der Apostel Paulus der Gemeinde in Ephesus wünscht: Hoffnung und eine zuversichtliche Zukunftsperspektive, die über den eigenen Horizont hinausgeht.

Diese innere Haltung kann Kräfte freisetzen, die innere und äußere Widerstände überwinden.

Anspruch, Einspruch und Zuspruch

Weitersehen und Weitergehen erfordert Hoffnung. So können Anspruch, Einspruch und Zuspruch für eine gelingende Generationengemeinschaft wirksam werden.

———

Anspruch steht für unsere Erwartungen und lenkt den Blick auf die Frage: Was hilft und was schadet einer gelingenden Generationengemeinschaft?

- Respektvoll miteinander umzugehen, hilft, egal, ob das Gegenüber ein Kind, Jugendlicher, junger, mittlerer, älterer Erwachsener oder Hochbetagter ist. Verallgemeinerungen und Diskriminierungen schaden!
- Einander etwas zuzutrauen, hilft. Zu denken oder zu sagen: »Die Jungen (oder: die Alten) haben keine Ahnung!«, schadet!
- Sich füreinander zu interessieren und viel voneinander zu wissen, hilft. Denn das schafft Verständnis füreinander. Wenig voneinander zu wissen, schadet. Denn es führt schneller zu Konflikten!
- Auf unterschiedliche Sichtweisen, Sozialisationen und Prägungen längs und quer durch die Generationen zu achten, hilft. Sie vorschnell zu Generationenkonflikten zu erklären, schadet!
- Ein realistischer Blick auf das eigene Alter und die eigenen Grenzen hilft. Sich selbst zu über- oder zu unterschätzen, schadet!

- Die Potenziale aller Generationen wertzuschätzen und zu nutzen, hilft. Eine Generation nur auf- und eine andere abzuwerten, schadet!
- Miteinander Neues zu bewegen, hilft. Sich abzuschotten, schadet!

In jedem Fall hilft es, einander Wert und Bedeutung zu geben!

———

Einspruch, verstanden als Einwand oder auch Gegenrede, lenkt den Blick auf Widerstände, Probleme, Störfaktoren zwischen den Generationen. Also auf alles, was nicht verbindet, sondern trennt. Auch davor nicht die Augen zu verschließen, ist wichtig.

- Räumliche Distanz oder Zeitmangel sind ungünstige äußere Rahmenbedingungen. Sie können Beziehungen schwächen.
- Ebenso Kommunikationshürden! Sie können echte Missklänge hervorrufen. Geschehen kann das zum Beispiel, wenn Fachbegriffe oder Ausdrücke aus der Jugendsprache nicht erklärt werden.
- Auch falsch verstandene Partizipation kann zum Konflikt führen, etwa wenn die einen nicht teilhaben lassen oder die anderen gar nicht teilhaben wollen.
- Ebenso kann der Wunsch nach Selbstbestimmung, bei Jüngeren wie bei Älteren, Spannungen hervorrufen, zum Beispiel dann, wenn die einen von traditionellen Mustern ausgehen und die anderen sich darüber hinaus entwickelt haben.
- Und es kann durch unterschiedliche Lebensentwürfe, wenn sie mit missionarischem Eifer verteidigt werden, gar zur Eskalation zwischen den Generationen kommen.

All das wahr- und ernst zu nehmen, schärft den Blick, um weiter sehen zu können. Ohne diese differenzierte Sicht können keine Lösungen gefunden werden. Einsprüche sind Fingerzeige für notwendige Veränderungen und bahnen den Weg für Zusprüche.

———

Zuspruch brauchen Jüngere und Ältere gleichermaßen. Denn Ermutigung und Unterstützung stärken und verbinden.

- Zuspruch erwächst aus Empathie.
- Und aus Liebe. Liebe hat viele Gesichter: Annahme, Achtung, Anteilnahme und Hilfsbereitschaft gehören genauso dazu wie Toleranz, Nachsicht, Großzügigkeit und Geduld.
- Auch eine tatkräftige Unterstützung ist ein wertvoller Zuspruch.
- Ebenso ein tröstendes Wort.
- Ein aufheiternder Satz kann aufrichten
- und ein humorvoller Impuls wie ein Lichtblick dunkle Schatten vertreiben.

Echter Zuspruch nimmt jeden Menschen in seiner Einzigartigkeit, seiner Würde und seinem Wert in den Blick, von den Jüngsten bis zu den Ältesten.

Anspruch, Einspruch und Zuspruch durch Generativität

Anspruch, Einspruch und Zuspruch beschreiben die Herausforderung, die sich wie ein roter Faden durch alle Inhalte dieses Buches zieht: Generativität als doppelte Aufgabe im gesamten Erwachsenenalter, also die Fürsorge für die anderen Generation und für sich selbst!

Über das individuelle Wahrnehmen dieser doppelten Fürsorge hinaus wird Generativität zunehmend auch als kollektives Phänomen verstanden und auf das gesellschaftliche Leben bezogen. Verantwortung zu übernehmen für Menschen der Folgegeneration, geht nicht nur Eltern und Großeltern etwas an.

In letzter Zeit wird jedoch verstärkt auch der umgekehrte Aspekt gesehen, nämlich dass Jüngere einen Blick für das Wohl der Älteren gewinnen sollten. Auch das ist sowohl individuell als auch für das Gemeinwesen anzustreben. Dass damit anspruchsvolle Aufgaben verbunden sind, ist offenkundig.

ECHTER ZUSPRUCH NIMMT ANDERE IN IHREM EINZIGARTIGEN WERT IN DEN BLICK.

Diejenigen, die Fürsorge geben, sei es für Kinder oder die alten Eltern oder womöglich sogar für beide gleichzeitig, tragen eine große Verantwortung, die ihnen viel abverlangt. Deshalb sind Klagen und der Ruf nach Unterstützung nur zu verständlich. Sie brauchen nicht nur verbalen Zuspruch, sondern auch praktischen Beistand.

Und die, die hilfebedürftig sind, dürfen sich guten Gewissens an der Fürsorge erfreuen. Wenn allerdings eine ältere oder gesundheitlich eingeschränkte Person diese Fürsorge dankbar annimmt und ein Lächeln zurückgibt, nähern sich Nehmen und Geben wieder einer Balance, die den Generationen guttut.

Anspruch, Einspruch und Zuspruch durch Mentoring

Für ein gelingendes Miteinander der Generationen kommen Anspruch, Einspruch und Zuspruch auch in besonderer Weise durch Mentoring zum Ausdruck.

Im Kern meint Mentoring eine direkte fördernde Beziehung zwischen einer erfahrenen Person, dem Mentor oder der Mentorin, und einer weniger erfahrenen, oft jüngeren Person, die dabei ist, in eine Aufgabe hineinzuwachsen. Mentoring ist somit Unterstützung und Begleitung eines Entwicklungsprozesses für eine bestimmte

Zeit. Dabei geht es um individuelle Beratung und Feedback, Orientierungshilfe und die Weitergabe von Erfahrungswissen.

Inzwischen gibt es viele unterschiedliche Mentoring-Programme, die in verschiedenen gesellschaftlichen Bereichen eingesetzt werden: in der Wirtschaft, der Wissenschaft, im Studium, beim Übergang oder Wiedereinstieg ins Berufsleben, in der Führungskräfteentwicklung oder der Nachwuchsförderung.

Der Anspruch lautet dabei jeweils, individuell und qualifiziert zu fördern. Einspruch bzw. Berichtigungen innerhalb der Prozesse dienen der Weiterentwicklung, und Zuspruch, verbunden mit einer wohlwollenden, zugewandten Haltung, gibt Sicherheit und macht Mut.

———

Der Begriff Mentoring geht auf eine Gestalt aus der griechischen Mythologie zurück. In Homers Odyssee ist es Mentor, der in der Abwesenheit des Odysseus dessen Sohn mit Rat und Tat zur Seite steht. Von der Rolle, die Mentor für den jungen Telemach spielt, leitet sich die Deutung ab, »Mentor« als einen in der Regel älteren, klugen und wohlwollenden Berater eines jüngeren Menschen zu verstehen.

Interessant ist, dass Mentor in diesem Epos in enger Verbindung zum Göttlichen steht. Athene, die griechische Göttin der Weisheit, gilt als geschickt, mutig und umsichtig. Durch Mentor lenkt sie die Geschicke für Telemach und letztlich auch für seine Eltern Odysseus und Penelope.

Daraus könnte man schließen, dass Mentoren sich bewusst machen sollten: »Auch wenn ich mein Wissen, meine gesammelten Erfahrungsschätze und meine ganze Persönlichkeit einbringe, so liegt dennoch nicht alles in meinem Machbarkeitsbereich. Zu einer guten weiteren Entwicklung braucht es auch Vertrauen in andere Kräfte!«

Christen und Christinnen setzen ihr Vertrauen auf Gott und seine Begleitung. Daraus können Halt und Inspiration erwachsen – für Mentor und Mentee, wie die begleitete Person auch genannt wird.

Von Paulus, der als eine Art Mentor Timotheus ermutigte, war schon die Rede. Der Apostel führte aber auch noch andere Personen, wie beispielsweise den jungen Titus, in verantwortungsvolle Aufgaben ein. Und das sind nicht die einzigen Beispiele in der Bibel für Beziehungen zwischen einer erfahrenen und einer weniger erfahrenen Person.

Gute Mentoring-Erfahrungen sind allerdings nicht unbedingt an große Altersunterschiede gebunden, auch wenn meistens Jüngere von Älteren profitieren. Ein Vierzigjähriger, der durch berufliche Weiterbildung eine hohe kommunikative Kompetenz erworben hat, kann sowohl einem jungen Menschen bei den ersten Schritten im Berufsleben helfen als auch einen älteren Menschen unterstützen, der nach einer längeren Auszeit wieder in den Beruf einsteigen will.

Grundsätzlich können Tandem-Beziehungen beide Partner bereichern. Wer vorn ist, darf das jedoch nicht ausnutzen. Und auch im Mentoring gilt das bewährte Prinzip, Hilfe zur Selbsthilfe zu geben.

Das Beste herausholen

Dazu passen Grundgedanken, die Maria Montessori schon im ausgehenden 19. Jahrhundert eingeführt hat. Zusammengefasst sind sie in der Aufforderung: »Hilf mir, es selbst zu tun!«

Dieser pädagogische Ansatz kann auch heute noch im Miteinander der Generationen hilfreich sein, selbst wenn er ursprünglich in erster Linie für die Entwicklung von Kindern gedacht war. Das Bild des Menschen als »Baumeister seines Selbst« kann Ansporn sein, Wege zur Begleitung und Förderung zu wählen, die das Beste aus allen herausholen. Dazu beizutragen, dass Bedürfnisse sichtbar werden und Begabungen zur Entfaltung kommen, bereichert alle Beteiligten. Gegenseitige Neugier und Aufmerksamkeit helfen dabei.

»Hilf mir, es selbst zu tun!« Auch für die Art des Feedbacks kann dieser Hinweis wichtig sein. Denn was geschieht zum Beispiel in einer generationengemischten Diskussionsrunde, die aus dem Ruder läuft, weil der Moderator den Überblick verliert? Wenn er Wortmeldungen nicht im Blick hat oder Gesprächsbeiträge abwürgt?

Teilnehmenden, die selbst in dieser Rolle zu Hause sind, mag es schwerfallen, das auszuhalten. Und das trifft auf die, die jünger sind, genauso zu wie auf die, die älter sind als der Moderator. Aber ungefragt in die Rolle des anderen zu schlüpfen, hilft niemandem.

Sinnvoll ist in diesem Falle, dem Moderator anschließend unter vier Augen eine freundliche, aber ehrliche Rückmeldung zu geben. Ihn dabei zu unterstützen, »es selbst zu tun«. Er wird gefördert, indem ihm neue Versuche ermöglicht werden.

Auch Feedback geben und nehmen ist mit Anspruch, Einspruch und Zuspruch verbunden.

Gedankenanstöße der Beteiligten

Gemeinsam weiter sehen und weiter gehen – was das bedeutet und wie es gelingen kann, darüber habe ich mich mit zahlreichen Menschen, von Jüngeren bis zu Hochbetagten, ausgetauscht. Vieles ist hier eingeflossen: Ratschläge von Experten, wertvolle Lebenserfahrungen und immer wieder die Anregung, die Generationen-chance zu nutzen. Denn: Gemeinsam geht's besser!

Dazu noch einmal einige Spots der Beteiligten:

- »Das Wichtigste ist, sich für die Kinder zu interessieren. Das andere ergibt sich dann!« Das gibt die hochbetagte Sara Wiens aus ihrer reichen Lebenserfahrung weiter.
- Die drei Generationen der Familie Hering-Giesler nennen Vertrauen als die Grundlage für ihren guten Zusammenhalt.
- Dagmar Lohan findet den Dialog zwischen den Generationen sehr wichtig, weil dann Vorurteile und Konflikte keinen Nährboden mehr finden.
- Dr. Andrea Klimt sieht im intergenerationellen Lernen eine große Chance für gelingende Gemeinschaftsprozesse.
- Tom Schönknecht hebt die Bedeutung von Partizipation hervor. Er meint: »Wo auf Macht verzichtet wird, wird das Leben und Arbeiten im Miteinander der Generationen bunter und vielfältiger.«
- Mona Kuntze zeigt auf, wie handlungsorientierte Aktivitäten und Anschauung helfen, die Bedeutung eines gelingenden Generationenmiteinanders zu erfassen.
- Thekla Neumann weist auf die Chancen des generationenübergreifenden Theaterspielens hin, weil sie erlebt hat, dass es zu einem ungezwungen Umgang beiträgt.
- Gustav Kannwischer stellt die Chancen von Mehrgenerationen-Wohnanlagen vor, die gemeinsames Leben von Mitgliedern unterschiedlicher Generationen ermöglichen.
- Friedrich Schneider sieht in generationengemischten Gemeinden einen hohen Wert, der gepflegt werden muss. Und er weist auf die Verantwortung hin, die Christen und Christinnen als Staatsbürger haben.

Einmal bekam ich am Ende eines Seminars, das ich zur Förderung der Generationengemeinschaft durchgeführt hatte, einen kleinen grünen Halbedelstein geschenkt. Er sollte zeigen: »In uns steckt so viel! Wir sind wertvoll. Manches müssen wir allerdings erst noch polieren, abschleifen und zum Strahlen bringen. Das haben wir jetzt begriffen!«

Der kleine Stein liegt seitdem auf meinem Schreibtisch und erinnert mich daran, wie schön und lohnenswert es ist, sich für das Miteinander der Generationen einzusetzen. Und ich denke an das, was Michelangelo mal gesagt haben soll: »Die Figur war schon in dem rohen Stein drin. Ich musste nur noch alles Überflüssige wegschlagen.« Ja, oft muss nur weggeräumt werden, was im Weg liegt oder überflüssig ist.

DAS MITEINANDER VON JÜNGEREN UND ÄLTEREN MENSCHEN – WAS FÜR EIN POTENZIAL!

Viel Potenzial ist in Familien, Gruppen, Vereinen, Kirchengemeinden durch viele kleine, große, jüngere und ältere Menschen vorhanden. Was für ein Reichtum! Er wartet darauf, genutzt zu werden. Im Miteinander!

»Alte mit den Jungen!«, heißt es in Psalm 148, wo die ganze Schöpfung aufgefordert wird, Gott zu loben. Wie dies in unserem Alltag aussehen kann, sollten wir immer wieder neu entdecken.

SCHLUSSWORT UND DANK

Die Chance klopft öfter an, als man meint,
aber meistens ist niemand zu Hause
William Rogers (1879–1935)

Das hat der amerikanische Humorist William Rogers einmal gesagt. Ich möchte diesen Satz gern umformuliert als Empfehlung an den Schluss setzen: Die Chance – die Generationenchance – klopft öfter an, als man meint, man muss sie nur hereinlassen!

DIE GENERATIONENCHANCE KLOPFT ÖFTER AN, ALS MAN MEINT. LASSEN WIR SIE REIN?

Allen, die mit Beiträgen, in Interviews und mit Statements dazu beigetragen haben, die Reichhaltigkeit der Generationenchance konkret und anschaulich werden zu lassen, sage ich ganz herzlichen Dank! Ich habe dabei selbst noch einiges Neue erfahren. In alphabetischer Reihenfolge danke ich allen, die sich darauf eingelassen haben:

Zunächst also ein Dankeschön an Gabi Giesler und Rudi, Martina, Annika und Samuel Hering, die mir so offen Einblick in ihr Familienleben und den Familienbetrieb gewährt haben und mit denen ich auch durch die Kirchengemeinde verbunden bin.

Mein Dank gilt auch Gustav Kannwischer, der als Architekt einen ganz besonderen Blick auf die Generationenchance geworfen hat. Er hat, obwohl wir uns vorher noch nicht persönlich kannten, meine Fragen schnell und zuvorkommend beantwortet.

Ich danke auch Professor Dr. Andrea Klimt, die mir die Bedeutung von »generationensensibel« nahegebracht hat und deren Perspektiven für die Gemeindearbeit der Zukunft ich sehr schätze.

Mona Kuntze danke ich für kreative Projektbeispiele zur Generationengemeinschaft und ihren analytischen Blick darauf. Uns verbinden darüber hinaus gemeinsame Hobbys und die Mutter-Tochter-Beziehung.

Mit Dagmar Lohan arbeite ich sehr gern im Fachbereich Familie und Generationen im BEFG zusammen und habe sie bisher auch bei hohem Arbeitspensum stets fröhlich wahrgenommen. Ich bin ihr dankbar für ihren ehrlichen Bericht über ihr buntes Familien- und Berufsleben und dass sie sich die Zeit dafür genommen hat, zu diesem Buch beizutragen.

Thekla Neumann, die ich seit ihrer Kindheit kenne und von der ich nun durch dieses Thema noch so viel mehr erfahren habe, danke ich für ihre Ausführungen zum generationenübergreifenden Theaterspielen, das der Generationenchance noch einen ganz eigenen Aspekt verleiht.

Mein Dank gilt auch Friedrich Schneider, dessen Gabe, aus Wörtern Worte zu machen, ich sehr schätze. Ich bedaure, dass er nun in den sogenannten Ruhestand geht.

Ebenso danke ich Tom Schönknecht, mit dem ich das erste »Auf Augenhöhe«-Seminar durchgeführt habe und an dem ich schätze, dass er auch unbequeme Wahrheiten freundlich auszusprechen vermag.

Und nicht zu vergessen: Sara Wiens und ihre Fünfgenerationenfamilie. Ich danke ihr, ihrer Tochter Larissa Engelmann und ihrer Enkeltochter Swetlana Strothkamp, die das Treffen ermöglicht hat, sehr herzlich. Sie haben mir Einblicke in ihre umfangreiche Familie gewährt, über die ich immer wieder nur staunen kann.

Last, but not least danke ich meiner ganzen Familie und etlichen aus meiner Verwandtschaft, nicht nur, weil sie mein Leben so interessant und manchmal auch spannend machen, sondern auch, weil ich manches, was sie betrifft, hier erwähnen durfte. Danke also auch an alle, die hier nicht namentlich aufgeführt sind.

Und zum Schluss sage ich allen Danke, die sich für eine gute Generationengemeinschaft einsetzen und die Chance ergreifen für »Gemeinsam besser!«. Danke!

VERWENDETE LITERATUR

Amann, Ella Gabriele, Resilienz, Haufe-Verlag, Freiburg, 2. Auflage 2015.

Birkenbihl, Vera F., Signale des Körpers: Körpersprache verstehen, mvg Verlag, München 1992.

Bühler, Charlotte, Psychologie im Leben unserer Zeit, Darmstadt 1968.

Furman, Ben, Es ist nie zu spät, eine glückliche Kindheit zu haben, Borgmann, 2008.

Der Neue Brockhaus, Wiesbaden 1979.

Duden, Bd. 7, Etymologie der deutschen Sprache, Mannheim 2001.

Geissler, Christa; Held, Monika, Die Generation Plus lebt ihre Zukunft: Der Aufbruch der Alten – Gespräche, Reportagen und Porträts, Schwarzkopf & Schwarzkopf, 2007.

Grimms Kinder- und Hausmärchen.

Gührs, Manfred; Nowak, Claus, Das konstruktive Gespräch: Ein Leitfaden für Beratung, Unterricht und Mitarbeiterführung mit Konzepten der Transaktionsanalyse, Neumünster 2006.

Hart, Roger; Gernert, Wolfgang, https://www.lra-gap.de/media/files/lra_kjf_koja/Leitermodell_Beteiligung_mit_Beschreibung.pdf; aufgerufen am 25.04.2018.

Heckel, Margaret, Die Midlife-Boomer, Edition Körber, Hamburg 2012.

Kaweh, Babak, Das Coaching-Handbuch für Ausbildung und Praxis, VAK, 2008.

Klein, Zamyat, Aktivierungsspiele für Seminare und Workshops, Haufe-Verlag, Freiburg, 1. Auflage 2015.

Klein, Antonia; Jentz, Nadine, Landkarte der Befindlichkeiten, schluessel & blume, Bochum 2010.

McDougall, Joyce, Theater der Seele, München 1988.

Neese, Irmgard; Schneider, Friedrich; Teubert, Jutta (Hrsg.), alt werden? Anders!: Ein Arbeitsbuch für Gemeinden und Mitarbeitende, die Chancen einer älter werdenden Gesellschaft nutzen wollen, Edition BEFG, Wustermark 2015.

Nowottka, Dietmar, Ehre, wem Ehre gebührt: Erfolgreich Ehrenamtliche leiten, Oncken, 2007.

Oh! Noch mehr Geschichten für andere Zeiten, Andere Zeiten, 2. Auflage 2010.

Peters, Meinolf, Leben in begrenzter Zeit: Beratung älterer Menschen, Vandenhoeck & Ruprecht, 2011.

Pohl, Michael; Fallner, Heinrich, Coaching mit System: Die Kunst nachhaltiger Beratung, VS, Wiesbaden 2009.

Richter, Kurt, Coaching als kreativer Prozess, Vandenhoeck & Ruprecht, 2010.

Riemann, Fritz, Grundformen der Angst, Ernst Reinhardt Verlag, 1991.

Ruthe, Reinhold, Wer bin ich?, Brendow, 1996.

Ruthe, Reinhold, Die Kunst, trotz allem gelassen zu sein, Brendow, 2000.

Schirrmacher, Frank, Das Methusalem-Komplott, Karl Blessing Verlag, München 2004.

Shell-Jugendstudie von 2015.

Schulz von Thun, Friedemann, Miteinander reden: Störungen und Klärungen. Band 1 bis 3, Rowohlt Taschenbuch Verlag, 1981.

Steinwede, Dietrich; Ruprecht, Sabine (Hrsg.), Vorlesebuch Religion 1, Kaufmann/Vandenhoeck/TVZ.

Typisch! Kleine Geschichten für andere Zeiten, Andere Zeiten, Hamburg.

Wallis, Velma, Zwei alte Frauen, München 1994.

Watzlawick, Paul; Beavin, Janet H.; Jackson, Don D., Menschliche Kommunikation, Stuttgart 2007.

Wilde, Oscar, Das Bildnis des Dorian Gray.

Wölfel, Ursula, Achtundzwanzig Lachgeschichten, Hoch-Verlag, Düsseldorf 1969.

ANMERKUNGEN

1 https://www.destatis.de/DE/ZahlenFakten/GesellschaftStaat/ Bevoelkerung/Bevoelkerung.html, aufgerufen am 30. 04. 2018.

2 https://de.wikipedia.org/wiki/Stufenmodell_der_psychosozialen_ Entwicklung, aufgerufen am 30. 04. 2018.

3 ebd.

4 Seine Tochter erzählte mir, dass ihr Vater sich dieses Motto vor vielen Jahren zu eigen gemacht habe, auch wenn es größtenteils nicht von ihm selbst stamme. Diese Weisheit, die offensichtlich auf ein Zitat von Gotthold Ephraim Lessing zurückgeht, habe sein Älterwerden geprägt.

5 https://books.google.de/books?hl=de&lr=&id=W-NECQAAQ-BAJ&oi=fnd&pg=PT2&dq=shell+studie+2015&ots=y8nL68Nzx M&sig=zXzndPoi3yC8Var91svKr_yJgDY#v=onepage&q=shell%20 studie%202015&f=false, aufgerufen am 30. 04. 2018.

6 http://www.horizont.net/medien/nachrichten/TV-Nutzung-2016-Sehdauer-bleibt-auch-bei-Juengeren-konstant--TKPs-steigen-145275, aufgerufen am 30. 04. 2018.

7 https://www.adac.de/infotestrat/ratgeber-verkehr/statistiken/ altersgruppen/default.aspx, aufgerufen am 30. 04. 2018.

8 http://www.intemyo.de/7-38-55-regel-mehrabian-albert-studie. html, aufgerufen am 30. 04. 2018.

9 Watzlawick, Beavin, Jackson, Menschliche Kommunikation, S. 51.

Tobias Künkler, Tobias Faix

Zwischen Furcht und Freiheit

Das Dilemma
der christlichen Erziehung

Klappenbroschur, 17 x 23,5 cm, 248 S.,
4-farbig, mit Diagrammen,
Grafiken u. Illustrationen
Nr. 226.813, ISBN 9783417268133

Wie sieht christliche Erziehung heute aus? Die Autoren haben geforscht und fromme Eltern befragt. Es geht um die Spannung, den Kindern einerseits Freiheit geben, sie aber andererseits zum Glauben führen zu wollen. Die Forschungsergebnisse bieten Ihnen hilfreiche Denkanstöße.

Tobias Künkler (Hrsg.), Tobias Faix
(Hrsg.), Damaris Müller (Hrsg.)

Frei erziehen – Halt geben

Christliche Erziehung für
unperfekte Eltern. Ein Praxisbuch

Klappenbroschur, 17 x 23,5 cm,
224 S., 2-farbig
Nr. 226.828, ISBN 9783417268287

Christlich erziehen – aber wie? Eltern stehen vielen Fragen gegenüber. Praktisch, alltagsnah und fundiert gehen Expertinnen und Experten wie Bettina Wendland, Sonja Brocksieper oder Gofi Müller auf Dauerbrenner im Erziehungsalltag christlicher Familien ein.

*Bitte fragen Sie in Ihrer Buchhandlung nach diesen Produkten!
Oder schreiben Sie an SCM Hänssler, D-71087 Holzgerlingen;
E-Mail: info@scm-haenssler.de; Internet: www.scm-haenssler.de*